Kerstin Diacont
Umstellung
auf das
Westernreiten

W0188683

Kerstin Diacont

Umstellung auf das Westernreiten

Ausbildung von Pferd und Reiter

Kierdorf-Verlag

Titelbild: Dieter Klein

ISBN 3-89118-032-2
Alle Rechte vorbehalten
Verlag Ute Kierdorf
5272 Wipperfürth
Printed in Germany

Inhalt

Vorwort
Zum Sinn des Buches

Das Interesse an der Westernreitweise wächst von Jahr zu Jahr. Leider kommt es durch mangelnde Informationen über die Ausbildung von Westernpferden und die Ziele der Westernreitweise aber immer wieder zu unschönen Mißverständnissen; so sieht man „Westernreiter", die ihrem Pferd einfach eine Kandare ins Maul zwängen und einen Westernsattel „draufwerfen", um dann „heidewitzka" durchs Gelände zu düsen. Das hat nun mit Westernreiten überhaupt nichts zu tun! Da ist nichts zu sehen von der gepriesenen „leichten Eleganz" eines gutgerittenen Westernpferdes, sondern allenfalls ein schmerzhaft aufgerissenes Maul und ein weggedrückter Rücken, wenn der Reiter meint, mit einem scharfen Gebiß allein könne man ein Pferd „bremsen".

Solche Bilder tragen nun nicht gerade zum Verständnis der Reitweise oder zum Abbau von vielerorts noch gehegten Vorurteilen gegen die Westernreiterei bei.

Die oben beschriebenen „schwarzen Schafe" gibt es natürlich nicht nur unter den Westernreitern, sondern auch unter den Anhängern der klassisch-englischen Reitweise; dort fallen sie aber in der Masse der Reiter nicht so stark auf wie bei der relativ neuen (zumindest in Deutschland) und dementsprechend mißtrauisch beäugten Westernreitweise.

Es sind „Reiter", die aus Unkenntnis – und leider manchmal auch einfach aus Gedankenlosigkeit – ihr Pferd wie eine Maschine, ein Sportgerät behandeln und nicht wie ein lebendiges, fühlendes Wesen.

Dieses Buch soll nun dazu beitragen, eine solide Ausbildung auch für die „Fans" der Westernreitweise zu gewährleisten. Es ist allerdings keine „Reitlehre" für den absoluten Reitanfänger, sondern richtet sich an diejenigen Reiter und Pferdebesitzer, die sich mit ihrem Pferd zusammen an die „andere" Reitweise herantasten wollen, die ein englisch gerittenes Pferd umstellen oder ein junges Pferd westernmäßig ausbilden wollen; an Reiter, die sich später an einem willigen und bequemen Geländepferd erfreuen oder vielleicht auch einmal an einem Turnier teilnehmen möchten.

Neben der Beschreibung von Ausbildung und Umstellung der Pferde werden die reiterlichen Voraussetzungen, die geeigneten Pferdetypen und die artgerechte Haltung und Behandlung der Vierbeiner angesprochen.

Hauptanliegen des vorliegenden Buches ist der Aufbau eines Vertrauensverhältnisses zwischen Reiter und Pferd, das nur mit langer geduldiger Arbeit erzielt werden kann und auch grundlegendes Verständnis der Verhaltensweisen des Pferdes voraussetzt. Die Nutzung natürlichen Verhaltens bei der Ausbildung wird in den Kapiteln über Ausbildung und Umstellung wiederholt angesprochen werden.

So — und nun genug der langen Vorrede; dem künftigen Westernreiter wünsche ich viel Erfolg und vor allem viel Geduld und Spaß bei seiner Aufgabe.

Klassisch-englische Reitweise und Westernreitweise – Unterschiede und Gemeinsamkeiten

Ziel der klassisch-englischen „Reitkunst" ist das gymnastizierende Training der Muskeln und Gelenke des Pferdes zum Zweck der längeren „Brauchbarkeit" unter dem Reiter. Durch systematisch aufgebaute Übungen lernt das Pferd, sich mit dem – anfangs ja ungewohnten – Reitergewicht neu auszubalancieren, seinen Schwerpunkt in Richtung Hinterbeine zu verlegen, um das zusätzliche Gewicht des Reiters mit der kräftigeren Hinterhand aufnehmen zu können.

Die natürlichen, schwungvollen Bewegungen des Pferdes sollen dabei erhalten bleiben und in der späteren Ausbildung sogar noch vervollkommnet werden; das Pferd soll den Reiter bequem sitzen lassen, taktmäßig, losgelassen und schwungvoll an die Reiterhand – an das Gebiß – herantreten. Die natürliche Schiefe des Pferdes wird durch vermehrte Arbeit auf der steiferen Seite ausgeglichen (Geraderichten).

Im Verlauf der Ausbildung wird das Pferd vermehrt aufgerichtet, d. h. die stärker bemuskelte Hinterhand tritt immer mehr unter den Schwerpunkt des Paares Reiter–Pferd; die schwächere Vorhand wird entlastet. Mit dieser stärkeren Belastung der Hinterhand vermeidet der Reiter im allgemeinen Überlastungsschäden der Vorhand.

Eine Ausbildung in diesem Sinne ist nicht etwa nur für die „Dressur-Freaks" unter den englischen Reitern gedacht, sondern für jeden, der ein angenehmes, bequemes und lange gesundes Pferd reiten möchte – egal, ob auf dem Viereck oder im Gelände.

Der Reiter erreicht das vermehrte Untersetzen der Hinterhand seines Pferdes durch Treiben mit Gewichts- und Schenkelhilfen in Verbindung mit „halben Paraden", die, grob gesagt, verhindern, daß das Pferd immer schneller wird, wenn es laufend getrieben wird; die halben Paraden setzen den Schub der Hinterhand, der durch das Treiben erreicht wird, in eine etwas erhabenere „Aufwärtsbewegung" um. Die komplizierte Beziehung des Zusammenspiels der Hilfen bei der engl. Reitweise nun in dieser kurzen Gegenüberstellung der beiden Reitweisen ausführlich darzustellen, würde den Rahmen dieser Zusammenfassung sprengen. Doch mit diesem ständigen Treiben und den ständigen halben Paraden haben wir ein grundsätzliches Merkmal der englischen Reitweise: Das Pferd steht konstant an den Hilfen, d. h. solange der Reiter mit dem Pferd arbeitet, wird er es laufend „an die Hand herantreiben", wird die Hinterhand immer wieder zu vermehrtem Untertreten auffordern und dabei ständige elastische Verbindung zum Pferdemaul halten. Soviel in kurzen Worten zu den Grundzügen der englischen Reitweise.

Nun zur Westernreiterei:

Der grundsätzliche Unterschied zum engl. Reiten besteht ganz einfach darin, daß das Westernpferd nicht konstant an den Hilfen steht. Ausbildungsziel des Westernpferdes ist zwar auch die Gymnastizierung des Tieres, die Aktivierung der Hinterhand, um die Vorhand zu entlasten und den Reiter bequem sitzen zu lassen, doch entfällt bei der Westernreitweise das laufende Herantreiben ans Gebiß.

Anfangs wird auch das Westernpferd mit Gewichts- und Schenkelhilfen an die Hand herangetrieben, aber nur solange, bis es sich daran gewöhnt hat, losgelassen und in freier Selbsthaltung zu gehen. Geht das Pferd locker und taktmäßig mit gut untergesetzter Hinterhand, bleibt der Reiter passiv sitzen und reitet das Tier am „losen Zügel", d. h. mit leicht durchhängendem Zügel.

Ein weiterer deutlicher Unterschied liegt im Tempo: Das Westernpferd wird im allgemeinen langsamer geritten als das engl. gerittene Pferd. Der „Jog" – jener ganz langsame, fast schlurfende Trab des Westernpferdes, über den jeder eingeschworene Dressurreiter erst einmal die Nase rümpfen wird, erlaubt dem Reiter im Gelände einen bequemen, anstrengungsfreien Sitz und ist für das Pferd kräfteschonend. Genauso verhält es sich mit dem „Lope", dem abgekürzten Galopp am losen Zügel, bei dem der Reiter im Idealfall sitzt, wie „im Schaukelstuhl".

Auch der Sitz des Reiters unterscheidet sich etwas von dem in der englischen Reitweise: er wird insgesamt passiver sitzen, leicht aus der Hüfte die Bewegungen des Pferdes mitschwingen und sich nur dann aktiv mit Kreuz-, Schenkel- oder Zügelhilfen bemerkbar machen, wenn er etwas von seinem Pferd will.

Die Reitweise entstand aus der Arbeit mit den Rindern, bei der der Reiter ja den größten Teil seiner Aufmerksamkeit auf das Rind richten mußte und sich dementsprechend nicht voll auf das Pferd konzentrieren konnte, wie es in der klassisch-engl. Reitweise nötig ist.

Das Westernreiten ermöglicht eine völlige Beherrschung und Kontrolle des Pferdes mit minimalen Hilfen, vorausgesetzt, der Reiter hat das Pferd mit geduldiger Arbeit zum willigen Partner und Mitarbeiter gemacht und nicht mit Gewalt seinem Willen unterjocht.

Die „Zwanglosigkeit" der Westernreitweise basiert natürlich auch auf einer verhältnismäßig zwanglosen Ausbildung, die ein Vertrauensverhältnis zwischen Reiter und Pferd schaffen und das Pferd zur weitgehend freiwilligen Mitarbeit brin-

gen soll. Nun ist dies kein Privileg der westernmäßigen Ausbildung, sondern sollte gleichermaßen auch für die englische
Reitweise gelten; doch bei der englischen Reitweise hat der
Reiter durch seine laufende „aktive Arbeit" eher Zwangsmittel in der Hand, die ein ungeübter Beobachter manchmal gar
nicht wahrnehmen muß.

Aus der Gegenüberstellung ergibt sich nun folgendes für
die Umstellung von Pferden auf die Westernreitweise:

Man wird darauf hinarbeiten, die ständige Hilfengebung
der engl. Reitweise Schritt für Schritt abzubauen, um schließlich mit minimalen Impulsen auszukommen. Das ist bei
einem gutgerittenen Pferd recht einfach, wenn es nicht cha-
rakterlich oder vom Exterieur her Schwierigkeiten hat. Bei
einem verdorbenen oder mangelhaft ausgebildeten Pferd
erfordert es allerdings einiges Können, da es sich hierbei
schon eher um eine Korrektur als um eine Umstellung handelt.

Der Sitz des Reiters wird im Verlauf der Umstellung langsam passiver, das Tempo langsamer.

Das, was hier knapp in ein paar Sätzen beschrieben wurde
und vielleicht einfach klingen mag, soll jedoch niemanden
dazu verleiten zu glauben, die Ausbildung zum Westernpferd
wäre simpel und könne in ein paar Wochen abgehandelt werden. Das ist nämlich nicht der Fall!

Die Ausbildung zum „fertigen" Westernpferd dauert
genausolange wie die Ausbildung eines Dressurpferdes bis
zur Klasse M oder S: Das sind − je nach „Vorbildung" von
Pferd bzw. Reiter − 3−5 Jahre, nur um einmal einen ungefäh-
ren zeitlichen Begriff zu geben.

Nun verlangt natürlich niemand von dem Westernreiter,
der einfach im Wald spazierenreiten will, daß sein Pferd die

schwierigen Lektionen einer Reining, wie Spin und Stop, Fliegende Wechsel etc. beherrscht. Es genügt vollauf, wenn er sein Pferd harmonisch am losen Zügel im natürlichen Gleichgewicht reiten kann und in der Lage ist, anzuhalten, wo und wann er will, ohne erst mit seinem Pferd zu kämpfen. Er wird dann eben ganz einfach auf Trense oder evtl. Bosal reiten und die Kandarenzäumung denen überlassen, die ihr Pferd weitergehend ausbilden wollen (oder ausbilden lassen, was in manchen Fällen der bessere Weg ist).

Die hier betriebene Gegenüberstellung der beiden Reitweisen soll auch zeigen, daß der Unterschied zwischen beiden gar nicht so fürchterlich groß ist. Sie soll verdeutlichen, daß die Ausbildung eines Pferdes immer – gleich in welcher Reitweise – eine langwierige Geschichte ist, die viel Geduld und Einfühlungsvermögen erfordert. Keine der beiden Reitweisen ist besser oder schlechter als die andere; die Westernreiterei setzt nur andere Schwerpunkte, die dem Freizeit-Reiter eher entgegenkommen.

Außerdem mag nun der interessierte Leser auch ruhig einen „persönlichen Reitstil" – unter Berücksichtigung der gemeinsamen Ziele beider Reitweisen – entwickeln, wie er für ihn selbst und sein Pferd selbst am zweckmäßigsten ist. Um Elemente aus der Westernreitweise zu übernehmen, die man für sinnvoll hält, muß man keineswegs seinen englischen Sattel „in die Ecke werfen". Die sogenannte „leichte Reitweise" ist ein gutes Beispiel für so einen „Mischstil", welcher für den Gelände- und Wanderreiter sicherlich genauso zu empfehlen ist wie der reine engl. Stil oder der reine Westernstil.

Ich habe z. B. auch schon Dressurpferde auf Bosal geritten, ohne die Tiere nun westernmäßig reiten zu wollen, sondern einfach nur, um das Maul zu schonen; das funktioniert bei vielen Pferden prima (bei einigen aber auch überhaupt nicht).

Die Kapitel über Ausbildung und Umstellung des Westernpferdes mögen auch dem, der nicht mit fliegenden Fahnen zu den Westernreitern überlaufen will, Anregungen geben, wie er sein Pferd auf die „sanfte Art" gehorsam und rittig machen kann.

Vielleicht übernimmt er diese oder jene Methode in seinen „persönlichen Reitstil" oder versteht plötzlich, warum sein Pferd so und nicht anders reagiert.

Geeignete Pferde – reiterliche Voraussetzungen

Geeignete Pferde

Um es gleich deutlich vorwegzunehmen: man braucht nicht unbedingt ein teures Quarterhorse oder einen Appaloosa zu kaufen, um ein brauchbares Westernpferd zu bekommen. Viele andere Rassen und Pferdetypen tun es genausogut.

Da dieses Buch sich auch oder sogar hauptsächlich an diejenigen Reiter richtet, die ein vorhandenes Pferd umstellen oder ein junges Pferd ausbilden wollen, möchte ich betonen: es lohnt sich in den seltensten Fällen, einen vorhandenen Pferdekameraden einfach zu verkaufen, nur um auf die Suche nach dem „idealen Westernpferd" zu gehen. Das ideale Westernpferd gibt es nämlich genausowenig wie das ideale Dressurpferd oder das ideale Geländepferd. Es wird immer eine Rolle spielen, wie Reiter und Pferd miteinander harmonieren und wie gut ein Reiter als Ausbilder ist. Selbst bei den hierzulande inzwischen sehr teuren Quarterhorses ist noch lange nicht gewährleistet, daß man mit dem Tier auch zurechtkommt.

Natürlich haben die Westernrassen Vorteile; sie sind jahrzehntelang auf die Belange des Westernreitens, die Arbeit mit den Rindern und die Bequemlichkeit des Reiters hingezüchtet worden. Doch wer unter den Freizeitreitern hat schon den Ehrgeiz, das Können und vor allem die Möglichkeiten, sein Pferd in der Rinderarbeit auszubilden. Jede andere Disziplin auf einem Westernturnier ist je nach Veranlagung und Exterieur des Pferdes auch mit Pferden anderer Rassen reitbar (natürlich ist nicht jedes Pferd für jede Disziplin geeignet). Doch vorerst genug vom Turnier; soweit sind wir noch lange nicht, sondern immer noch beim Thema: geeignetes Pferd.

Vor der Schönheit eines Tieres sollten immer Charakter und Intelligenz stehen; ein intelligentes, leistungsbereites Pferd wird, selbst wenn es keine hervorstechende Schönheit ist, dem Reiter mehr Freude machen, als ein schönes, welches aber z. B. keine Nerven hat und schon beim Anblick einer Maus „in die Luft geht".

Das geeignete Westernpferd ist ein kurzes, gut bemuskeltes, nicht allzu großes Pferd von ausgeglichenem Wesen. Besonders – wie ja bei jedem Pferd, gleich für welche Reitweise – ist auf ein gutes Fundament zu achten. Stark zehenweite, zehenenge, faßbeinige oder kuhhessige Stellungen führen zwar nicht immer zu Schwierigkeiten beim Reiten, belasten aber Sehnen und Bänder des Pferdes recht stark und können zu frühzeitigem Verschleiß führen.

Ein langer Rücken und Hochbeinigkeit erschweren die Ausbildung bzw. Umstellung des Pferdes, weil es seine Hinterbeine nicht so gut unter den Schwerpunkt von Reiter und Pferd bekommt wie ein gedrungenes Quadratpferd. Für einen

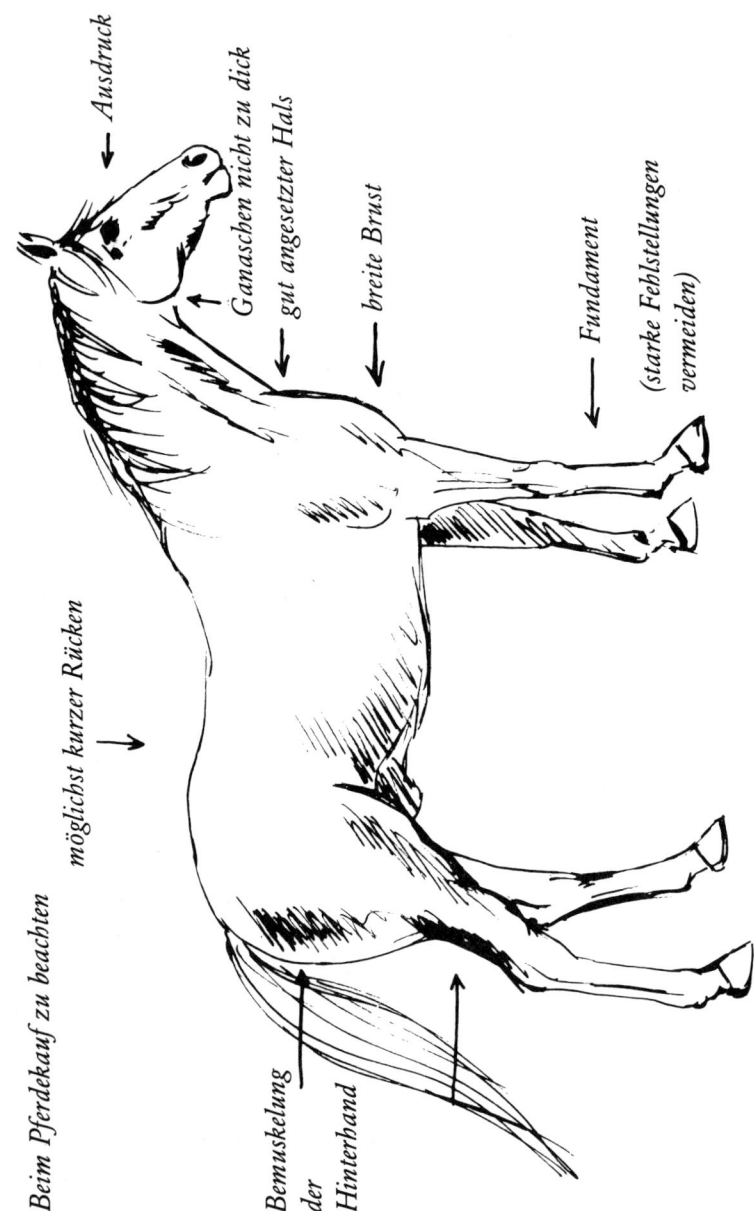

Ausdruck

Ganaschen nicht zu dick

gut angesetzter Hals

breite Brust

Fundament

(starke Fehlstellungen vermeiden)

möglichst kurzer Rücken

Beim Pferdekauf zu beachten

Bemuskelung
der
Hinterhand

guten Reiter allerdings muß dies nur bedingt ein Hindernis sein. Er wird die Mängel im Exterieur des Pferdes durch geduldige Ausbildung bis zu einem gewissen Grad überwinden können.

Ein dicker kurzer Hals und starke Ganaschen, wie sie viele Ponyrassen besitzen, erschweren die korrekte Kopfhaltung des Pferdes und die Biegung in den Wendungen. Ein zu langer, dünner Hals wirkt optisch unschön.

Die in der englischen Reitweise so gefragten großrahmigen Pferde sind für die Westernreitweise nicht so gut geeignet, da sie leicht „auseinanderfallen", wenn man das dauernde Herantreiben ans Gebiß unterläßt bzw. Schritt für Schritt abbaut. Aber auch dabei gibt es natürlich Ausnahmen; ich habe auch schon ein Pferd von 170 cm Stockmaß gesehen, das sich gut wenden und stoppen ließ und problemlos am losen Zügel auf Bosal ging.

Das zukünftige Westernpferd sollte man sich nicht nur genau unter dem Reiter ansehen (sofern es dazu schon alt genug ist), sondern auch freilaufend – am besten zusammen mit Artgenossen auf der Koppel. Man achte darauf, ob es z. B. beim Richtungswechsel im Galopp umspringt oder im Außengalopp weiterläuft. Letzteres läßt auf eine grundlegende Steifheit oder Unfähigkeit, die „Füße zu sortieren" schließen und kann zu Schwierigkeiten bei der Ausbildung führen (bes. z. B. des fliegenden Wechsels). Auch kann man eine Eignung für gute Stops schon auf der Koppel feststellen. Ein Pferd, welches seine Hinterbeine gut untersetzt, wenn es vor einem Hindernis anhält, wird später auch unter dem Reiter weniger Probleme mit dieser Übung haben, als eins, was holpernd mit steifen Vorderbeinen zum Stehen kommt. Auch die allgemeine Haltung des Pferdes in freier Bewegung sollte man beachten; galoppiert und trabt es mit hoher Halshaltung, versucht also schon im freien Lauf, mehr Gewicht auf die Hinterhand zu verlagern oder läßt es Hals und Kopf hängen, läuft „schlaksig" in einer Bergabbewegung? Pferde mit letztgenanntem Merkmal werden auch unter dem Reiter dazu neigen, auf der Vorhand zu „latschen", wenn man dem nicht energisch entgegenwirkt.

Weiterhin kann man beobachten, ob das Pferd eine Führungsposition unter den Artgenossen einnimmt oder nur „Mitläufer" ist. Ein Pferd, welches eine ranghohe Position innerhalb der Herde einnimmt, ist intelligenter – und damit aufnahmefähiger beim Lernen – als ein Pferd in rangniederer Position (ein intelligentes Pferd kann allerdings einen weniger routinierten Reiter auch ganz schnell mal „austricksen").

Der aufmerksame Beobachter wird besonders dem Pferdekopf Beachtung schenken – dabei weniger der Schönheit, sondern dem Ausdruck. Wirkt das Tier wach und an seiner Umgebung interessiert oder macht es einen abgestumpften, faulen Eindruck? Ein großes, waches Auge und lebhaftes Ohrenspiel z. B. verraten ein aufmerksames, aufnahmebereites Pferd, welches vermutlich leicht und schnell lernt. Allzu starkes „Interesse" an der Umwelt kann aber bei manchen Pferden auch negative Nebeneffekte haben, dann nämlich, wenn die Tiere zwar schnell lernen, sich aber genauso schnell langweilen und in „der Gegend 'rumgucken", sich also nur noch bedingt für das interessieren, was der Reiter von ihnen will. Solche Pferde sind oft recht unzuverlässig. Achten sollte man auch darauf, ob das Pferd grundsätzlich Vertrauen zum Menschen zeigt. Streckt es die Nase vor, um einen Besucher zu beriechen oder schreckt es mißtrauisch zurück und will sich nicht anfassen lassen? Letzteres kann entweder falsche Behandlung als Ursache haben oder aber auch ein grundsätzlicher Charakterzug des Tieres sein. Liegt es am Charakter, wird sich ein solches Pferd in den seltensten Fällen so stark an den Menschen anschließen wie ein von Natur aus vertrauensvolles Tier.

Soviel zur allgemeinen Auswahl von Westernpferden. Diejenigen unter den zukünftigen Westernreitern, die schon ein Pferd haben, können anhand der hier skizzierten Kriterien einmal einen genaueren Blick auf das Verhalten ihres Pferdes, auf seine Beweglichkeit und seine Wendigkeit ohne Reiter werfen und dabei vielleicht schon herausfinden, wo es später Probleme geben könnte.

Nachstehend will ich einige bekannte Pferderassen kurz vorstellen und auf ihre Eignung zum Westernpferd „untersuchen".

Die Beschreibung der Westernrassen Appaloosa, Quarter-Horse und Paint wird hier nur sehr kurz ausfallen, denn welcher reine Freizeitreiter will schon DM 15.000,– bis DM 30.000,– ausgeben, nur um spazierenzureiten. Außerdem ist deren Eignung ja hinreichend bekannt.

Das Quarterhorse ist ein stark bemuskeltes Pferd mit von der Seite betrachteter fast kreisrunder Hinterhand. Es hat eine recht große Gurtentiefe und eine fast gerade, teilweise zu den Flanken hin eingezogene Bauchlinie. Der Kopf ist klein und kurz mit ausgeprägten Ganaschen.

Der Paint ist ein geschecktes Quarterhorse; **der Pinto** dagegen ein geschecktes Pferd jeder anderen Rasse.

Der Appaloosa ist etwas leichter im Körperbau als das Quarterhorse und besitzt als charakteristische Merkmale senkrecht gestreifte Hufe und rosa gesprenkelte Geschlechtsteile, Maul- und Augenpartien. Die „Farbpalette" der Appaloosas ist vielfältig. Es gibt stichelhaarige, ganz gefleckte (leopard oder snowflake) oder solche mit „blanket", einer unregelmäßigen weißen Decke, die sich meist auf die Hinterhand beschränkt.

Das deutsche Warmblutpferd wird in vielen Fällen Probleme bringen, will man es umstellen; es ist ganz einfach jahrzehntelang auf Größe und viel „Tritt" hingezüchtet worden. Die etwas leichteren, kleineren Typen mit viel Vollblutanteil sind noch am ehesten für die Westernreitweise geeignet, weil sie die erforderliche Wendigkeit besitzen — vorausgesetzt sie haben auch die nötigen Nerven. Und gerade hier liegt ein recht großes Problem vieler Warmblüter: sie haben keine Nerven. Ein Teil dieser „Nervenschwäche" liegt zwar auch an der von den meisten Reitern mißverstandenen engl. Reitweise — nämlich am „Zusammenziehen" der Pferde mittels „Eisenfaust" und Sporen — doch zum anderen Teil liegt sie an der Zucht selbst. Ein gutes Westernpferd sollte aber gute Nerven haben, sollte ruhig stehenbleiben ohne herumzuzappeln und bei schnellen Wendungen nicht hektisch werden. Damit werden viele der Warmblüter Schwierigkeiten haben.

Vollblüter und Araber sind im allgemeinen viel besser geeignet als Warmblüter. Erstens haben sie die besseren Nerven (abgesehen von den Vollblütern, die jahrelang Rennen gelaufen sind), zweitens sind sie kleiner und dementsprechend wendiger und „handlicher" und drittens habe ich selten Pferde gesehen, die schneller und leichter lernen als Vollblüter. Kommt zu diesen Vorzügen noch ein kurzer Rücken und eine gute Hinterhand hinzu, wird ein solches Pferd einem Quarterhorse kaum nachstehen. Meine eigenen Erfahrungen mit einer ungarischen Vollblutstute, die sich zu einem guten Reiningpferd entwickelte, mögen diese These bestätigen, auch wenn natürlich jeder Importeur oder Züchter von Westernhorses anderer Meinung ist.

Rein asil gezogene Araber, die oft überbaut sind, eignen sich weniger gut, da sie durch die überbaute Hinterhand Probleme mit dem Untersetzen der Hinterhand bekommen.

Bei den **Pony-Rassen** gibt es gewaltige Unterschiede in der Eignung. Die leichteren Reitponyrassen sind aufgrund ihres meist kurzen, gedrungenen Exterieurs und ihrer Größe sehr gut als Westernpferd geeignet. *Connemaras*, das *„deutsche Reitpony", Welsh- New Forest-* und *Dartmoor-Ponies* sind nur einige der in Frage kommenden Typen. Meist haben gerade Ponies besonders gute Nerven, andererseits aber auch einen ausgeprägten eigenen Willen, gekoppelt mit viel Mut — was dementsprechendes Durchsetzungsvermögen seitens des Reiters erfordert.

Schwieriger wird die Sache mit schweren Ponies wie *Haflinger* und *Norweger,* denen die erforderliche Wendigkeit fehlt, die dafür aber mit einem besonders ausgeprägten „Dickkopf" bis hin zur Sturheit ausgestattet sind. Doch auch dabei gibt es Ausnahmen; die Norwegerstute, die in diesem Buch auf einigen Fotos zu sehen ist, entwickelte sich zu einem guten Trail- und Pleasure-Pferd und ging auch eine saubere Anfänger-Reining. Ist der Reiter konsequent genug und kann sich durchsetzen — was nicht unbedingt heißen soll: gewaltsam durchsetzen —, wird er auch solche Pferde zu passablen Westernpferden machen können, natürlich nur in begrenztem Umfang.

Weniger geeignet sind *Islandponies* aufgrund ihrer Gänge und der sogenannten absoluten Aufrichtung mit weggedrücktem Rücken.

Abschließend nun noch ein paar Worte zu den Mischlingen.

Pony-Araber-Mischungen halte ich persönlich für recht

brauchbar. Daneben gibt es viele andere „Partbreds", die oft recht billig zu haben sind, weil sie nicht die Veranlagung für den englischen Turniersport haben. Ich will nun aber keineswegs der von vielen Pferdehändlern inzwischen vertretenen Meinung Vorschub leisten, all jene Pferde, die für den ambitionierten engl. Reiter untauglich erscheinen, kurz und bündig als Westernpferd zu verkaufen. Das wäre grundfalsch! Aber es gibt doch genügend deutsche Pferde, deren Qualitäten eher auf der Ebene des Westernreitens liegen als auf der des engl. Reitens. Viele Züchter haben das im Gegensatz zu einigen gewitzten Pferdehändlern noch nicht erkannt, weil sie sich nur für die „Qualitätsansprüche" der engl. Reiter interessieren und nicht für die der Westernreiter. So werden sie ein zu klein geratenes Pferd mit wenig Gang eher als „Ausschuß" betrachten, obwohl es sich vielleicht hervorragend als Westernpferd eignet.

Doch verlassen wir erst einmal die Pferde und kommen zu den **reiterlichen Voraussetzungen.**

Ganz allgemein kann man sagen: das Können, die Größe (bzw. das Gewicht) sowie bestimmte Vorlieben des Reiters bestimmen den Typ, das Alter (bzw. das Können) des Pferdes.

Ein ungeübter oder ängstlicher Reiter ist nicht in der Lage, ein Pferd erfolgreich auszubilden oder umzustellen. Aus Angst oder Ungeschicklichkeit wird er dem Pferd viel eher etwas „durchgehen" lassen, wird bei der Ausbildung inkonsequent handeln und damit das Pferd, welches ja nur durch Wiederholung **immer** der gleichen Hilfen und Signale des Reiters lernen kann, verunsichern. Bei besonders empfindlichen Pferden können Inkonsequenz und Ungeschicklichkeit, wie zum Beispiel ein falscher Ruck im Maul oder eine ungerechte Behandlung, schnell zu Untugenden führen, deren Korrektur meist recht lange dauert.

Will man also ein junges Pferd anreiten oder ein älteres umstellen, so sollte man als Grundvoraussetzung jede Gangart des Pferdes **handunabhängig** und schmiegsam aussitzen können, das Pferd also weder im Maul noch in seiner Bewegung stören. Das ist besonders bei jungen Pferden gar nicht so einfach; ein junges, unerfahrenes Pferd, welches noch nicht gelernt hat, sich unter dem Reiter auszubalancieren, kann anfangs recht unbequem und schlecht zu sitzen sein. Gerade dann darf es nicht gestört werden, denn sonst macht es sich nur noch steifer aus Angst vor einem Stoß in den Rücken oder einem ungeschickten Zügelanzug.

Zusätzlich muß der ausbildende Reiter sich selbst gut in der Gewalt haben.

Mit Jähzorn oder ungerechten Strafen macht er auch das gutmütigste Pferd irgendwann einmal sauer.

Daß der Reiter optisch in einem vernünftigen Größenverhältnis zu seinem Pferd stehen sollte, ist wohl selbstverständlich.

Für einen Reiter, der gern lange Strecken in relativ flottem Tempo zurücklegen möchte (Distanzreiter z. B.) ist ein schwerfälliger Norweger mit Sicherheit nicht das richtige Pferd. Er ist mit einem Araber oder Vollblüter besser bedient. Ein zur Unsicherheit neigender Reiter wird an einem heftigen Pferd wenig Freude haben, etc...

Am Ende meiner Ausführungen über geeignete Pferde und Reiter will ich noch kurz auf die Möglichkeit, sich ein Absatzfohlen zu kaufen oder gar selbst zu züchten, eingehen.

Dies lohnt sich eigentlich nur, wenn man die Gelegenheit hat, das Fohlen auch artgemäß aufzuziehen, d. h., entweder man hat selbst große Koppeln und Ausläufe, wo das Fohlen **zusammen mit anderen** Fohlen herumtollen kann, oder man gibt das Tier zu einem Aufzüchter mit entsprechenden Einrichtungen. Letztere Möglichkeit macht es meist unmöglich, sich schon früh intensiv mit der Erziehung des Fohlens (Führen, Hufe aufheben etc.) zu befassen. Man hat dann zwar ein Pferd, kann es aber noch lange nicht reiten und hat auch sonst nicht viel Kontakt damit. Und vor allem: man weiß nicht so genau, was aus dem Tier noch wird, wie es sich zurechtwächst. Möglicherweise entwickelt sich das einst so niedliche Fohlen nicht so, wie man es sich erhofft hat. Für „Otto-Normalverbraucher" ist also die Anschaffung eines – zwar teureren – Dreijährigen oder eines noch älteren, schon gerittenen Pferdes (egal ob englisch oder western) vorzuziehen. Er weiß dann wenigstens, was er hat, kann das Tier beim Kauf auch ausprobieren. Die Gefahr, daß er später mit dem Pferd nicht zurechtkommt, ist damit geringer.

Ausrüstung von Pferd und Reiter

Die Ausrüstung des Reiters

Dieses Thema läßt sich verhältnismäßig schnell abhandeln – nach dem Motto: was beliebt ist auch erlaubt.

Trotzdem nachstehend ein paar praktische Tips zur Kleidung.

Einfache Jeans mit halbhohen, festen Stiefeln sind wohl die beste, preiswerteste und sinnvollste Lösung der Kleiderfrage.

Chaps – die ledernen „Überhosen" der Cowboys sind bequem und zweckmäßig als Wetterschutz, müssen aber nicht unbedingt sein. Wenn man sich allerdings doch zum

Kauf von Chaps entschließt, sollte man nicht irgendwelche – möglichst noch schlechtsitzende aus hartem Leder – nehmen, sondern am besten die Chaps nach Maß anfertigen lassen. Der Mehrpreis lohnt sich, denn unbequeme, harte Chaps werden meist zur „Zierde" in der Sattelkammer hängenbleiben, während richtig passende auch angezogen werden.

Zu den Stiefeln ist zu sagen, daß ein flacherer Absatz für den täglichen Gebrauch vorzuziehen ist, weil man mit den Dingern ja schließlich auch laufen muß (der keilförmige Absatz vieler Westernstiefel ist dazu nur bedingt geeignet). Festes, glattes Leder ist den meist weicheren Wildlederstiefeln vorzuziehen, weil es besser zu pflegen ist und durch viel Fett nahezu wasserdicht gemacht werden kann (das gilt übrigens auch für die Chaps).

Ein Hut ist praktisch für regnerisches Wetter oder starke Sonneneinstrahlung.

Zu der Angewohnheit mancher Reiter, engl. Reitkleidung, d. h. Breeches und hohe Stiefel, oder sogar die Reitkappe auch in Verbindung mit Westernsattel zu verwenden, kann ich nur sagen, daß sie mir rein stilistisch etwas merkwürdig vorkommt; aber das muß jeder für sich selbst entscheiden. Ich bin jedenfalls der Meinung, wer sich für das Westernreiten entscheidet, sollte auch die Kleidung der Reitweise anpassen.

Sporen sollten nur verwendet werden, wenn der Reiter vollkommen unabhängig sitzt und sie auch gezielt verwenden kann. Dabei spielt es kaum eine Rolle, ob die englischen Anschnallsporen oder die Westernsporen mit dem sehr viel größeren Rad verwendet werden. Für Reiter, die damit umgehen können, sind schärfere Sporen immer besser als stumpfe. Dauernder Gebrauch stumpfer Sporen stumpft das Pferd eher ab; ein Quirt, die kurze Gerte der Westernreiter, oder auch die normale englische Dressurgerte sind oft sinnvoller als Sporen.

Für den Reiter, der irgendwann einmal Turnierambitionen bekommen sollte, will ich noch kurz die Anzugsvorschrift auf dem Turnier ansprechen. Vorgeschrieben sind Westernstiefel, Hut und Westernhemd (möglichst kein einfaches kariertes „Holzfällerhemd", sondern etwas Eleganteres). Chaps, sowie Jackets, Westen und Halstücher sind erlaubt und sehen meist recht gut aus. Besonderer Wert wird auf farbliches Zusammenpassen der Kleidung gelegt (gerade in Pleasure und Equitation-Klassen, wo die Kleidung dem Reiter Zusatzpunkte einbringen kann).

Ausrüstung des Pferdes

1. Der Sattel:

Für diejenigen Reiter, die die Westernreitweise erst einmal ausprobieren wollen, ist es nicht nötig, sich sofort einen Westernsattel zuzulegen. Westernreiten kann man auch im normalen englischen Sattel. Wer sich aber dazu entschließt, diese Reitweise konsequent beizubehalten, der sollte sich doch überlegen, ob er sich einen Westernsattel anschafft. Auf Dauer ist er einfach bequemer, obwohl es einem, sitzt man als Vertreter der engl. Reitweise das erste Mal auf solch einem Sattel, anfangs nicht gerade angenehm erscheint. Meinen Dressursattel gewöhnt, kam ich mir beim ersten Versuch auf dem Westernsattel damals vor wie die sprichwörtliche „Butter auf der heißen Pellkartoffel". Das liegt ganz einfach daran, daß der Westernsattel, der ja keine Pauschen besitzt, dem Reiter keinen festen Knieschluß ermöglicht. Ist man daran gewöhnt, feste Verbindung zwischen Knie und Pferd zu haben, fühlt man sich erst einmal unwohl auf dem glatten Westernsattel, auf dem man ja ohne Knieschluß und stattdessen mehr im Gleichgewicht und durch vermehrten Halt im Bügel sitzt. Dieses Gefühl gibt sich jedoch innerhalb der ersten 2 Wochen, wenn man sich langsam an den lockeren, entspannteren Sitz des Westernreiters gewöhnt hat, für den dieser Sattel schließlich konzipiert ist.

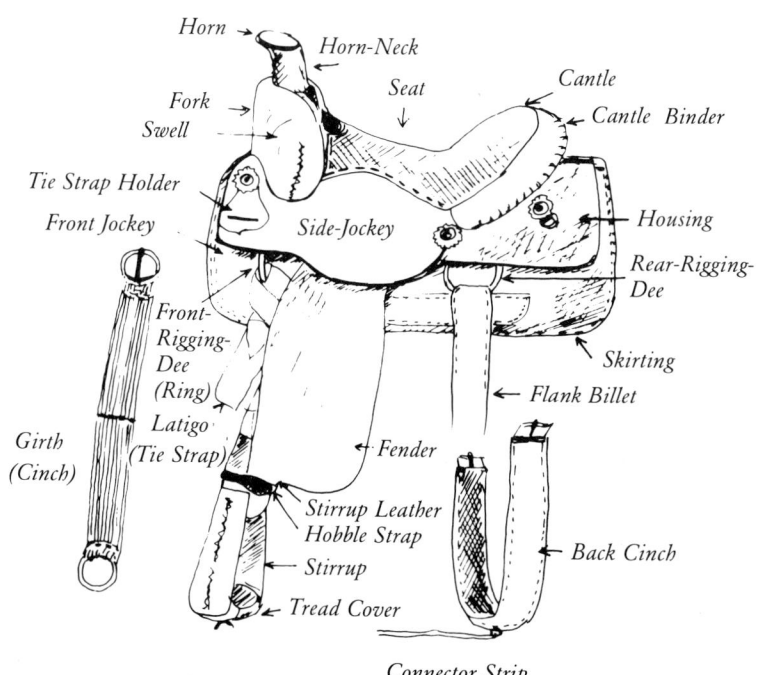

Connector Strip

Der Schlipsknoten

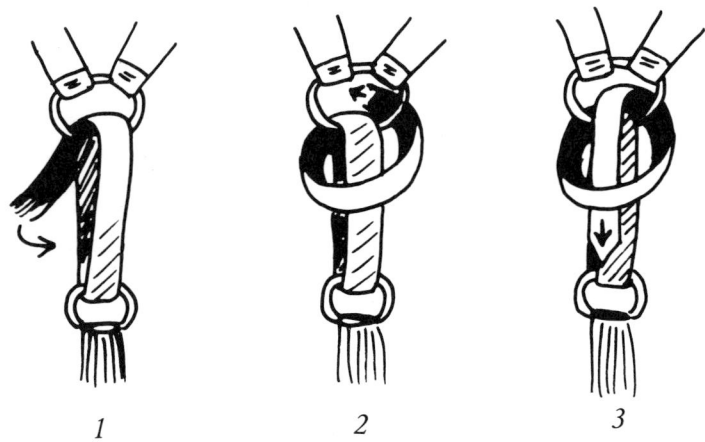

1   *2*   *3*

vordere Gurtung des Westernsattels

Beim Kauf eines Westernsattels sind folgende Punkte zu beachten:

a) Die Größe und das Exterieur des Pferdes.

Einem Pony oder einem kleinen, zierlichen Pferd sollte man keinen 20-kg-Sattel aufbürden. Der Sattel darf auch nicht zu lang sein und nicht bis auf die Kruppe reichen. Bei kleinen, kurzen Pferden empfiehlt sich ein hinten an der Auflagefläche abgerundeter Sattel (rounded skirt).

Zu achten ist besonders auf genügend Luft zwischen Widerist und Sattel, um Druckstellen zu vermeiden. Deswegen sollte man den Sattel zur Probe erst einmal nur auf ein dünnes Tuch auf den Pferderücken auflegen, um den Abstand von Widerist bis zur Kammer feststellen zu können. Ein dickes Pad, wie es normalerweise als Unterlage verwendet wird, verfälscht den Eindruck. Ist ein Sattel nicht hoch genug gekammert, kann man sich zur Not mit einem aufgepolsterten und vorne ausgeschnittenen Pad behelfen. Dies ist und bleibt aber eine Notlösung und sollte nicht zum Kauf eines nicht optimal passenden Sattels – vielleicht weil er billiger ist – verleiten. Einen guten Sattel bekommt man kaum unter 2.000 DM (Die leichteren Pony-Sättel sind etwas billiger).

b) Größe des Reiters

Nicht nur dem Pferd, auch dem Reiter muß der Sattel passen. Besonders die Sitzgröße ist ausschlaggebend für ein sicheres und bequemes Gefühl beim Reiten. Auf einem zu großen Sitz rutscht der Reiter hin und her; versucht er sich durch vermehrten Knieschluß im Gleichgewicht zu halten, leidet der zwanglose, lockere Sitz, der die ganze Reitweise so bequem macht. Auf einem zu kleinen Sitz dagegen fühlt man sich eingezwängt.

Die normalen Sitzgrößen liegen etwa bei 14 – 15½ inch (ein inch = 2,54 cm). Auch die Art der Sitzfläche entscheidet über mehr oder weniger Bequemlichkeit. Sättel mit tiefem Sitz und hohem „cantle" setzen den Reiter meist automatisch richtig hin, bieten aber weniger Möglichkeiten, sich mal auf längeren Ritten (Wanderritt etc.) anders hinzusetzen; flachere Sitzflächen mit niedrigem Cantle lassen dem Reiter mehr Freiheit, unterstützen aber den korrekten Sitz nicht so gut.

Außerdem gibt es verschiedene Sitzflächen, die auf verschiedene Verwendungen des Sattels zugeschnitten sind. Ein Sattel fürs Barrel Race hat einen anderen Sitz als einer fürs Pleasure oder Reining.

c) Verarbeitung des Sattels

Das dritte Kriterium für den Sattelkauf ist natürlich die Qualität. Zu achten ist auf die Verarbeitung und die Qualität des Leders. Manche billigeren Sättel aus dünnem Leder sehen schon nach dem ersten Regen etwas lädiert aus, wenn sich nämlich das Leder an der hinteren Auflagefläche (Skirting) verzieht und einrollt.

Das Leder sollte schon eine gewisse Stärke haben. Gute Sättel haben an den Auflageflächen fast zentimeterdickes Leder, sind aber leider dementsprechend schwer. Auch die Frage ob Holz- oder Kunststoffbaum ist eine Gewichtfrage.

Verbindungen der Einzelteile des Sattels untereinander sollten mittels Lederriemen hergestellt sein und nicht mit Nieten. Die Lederverbindungen sind haltbarer als Nieten und – falls doch mal etwas kaputtgehen sollte – leichter zu ersetzen.

Verzierungen, wie Silberbeschläge und Punzierungen sind manchmal ganz schön, haben aber keinerlei Einfluß auf die Qualität. Oft sind es sogar die billigsten Sättel, die mit „Verzierungen" überladen sind, um von ihrer minderen Qualität abzulenken.

Bei manchen Sätteln ist die Sitzfläche aus Wildleder; das ist zwar bequem zum Sitzen, sieht aber nach einiger Zeit recht unansehnlich speckig und abgenutzt aus.

Die Steigbügel sollten aus Leder (bzw. lederüberzogen) und relativ schwer sein, um dem Reiter sicheren Halt zu bieten. Bei billigen Sätteln sieht man oft Plastik- oder Blechsteigbügel. Abgesehen von ihrem häßlichen Aussehen sind sie zu leicht und deswegen nicht zu empfehlen.

Unter den Sattel gehört eine ausreichend dicke Unterlage, das Pad. Hier gibt es recht verschiedene Ausführungen. Die einfachste und billigste ist ein mit Stoff überzogenes Schaumstoffpad. Manche Pferde haben allerdings – besonders im Winter – ein derartig feines, empfindliches Fell, daß in der Nierengegend die Haare abbrechen, wenn das Pad

etwas hin und her rutscht. Für solche Pferde sind die sogenannten Codel-Pads (eine Art Kunstfell) sinnvoller, da wei-
cher. Für Wanderritte ist zusätzlich (oder ausschließlich) ein
korrekt gefalteter Woilach zu empfehlen, der außer als Sattel-
unterlage auch als Decke dienen kann. Zur Zierde, oder um
einen empfindlichen Pferderücken noch besser zu polstern,
kann man eine Navajo-Decke auf das Pad legen (auf manchen
ist auch schon eine aufgenäht). Dem englischen Reiter
mögen diese dicken Unterlagen etwas merkwürdig erscheinen, legte man sich doch unter den engl. Sattel eine möglichst dünne Unterlage (bei Dressursätteln nur ein Leinen-
tuch), um den Kontakt zum Pferderücken zu halten. Da aber
beim Westernreiten das laufende Herantreiben an die Hand
entfällt, kann man auch mit weniger Fühlung zum Pferderük-
ken auskommen und den Druck von Sattel und Reitergewicht auf den Pferderücken stärker abpolstern, was dem Pferd
sicher angenehmer ist; auch ein ungeschickt sitzender Reiter
wird auf diesem Sattel das Pferd nicht so stark stören können,
wie auf einem engl. Sattel, da der Westernsattel das Gewicht
auf eine größere Auflagefläche verteilt.

2. Zäumung

Zum Westernsattel paßt stilistisch der Einohrzaum, ein
einfaches Kopfstück, welches durch einen einzelnen Riemen
am Ohr vor dem Verrutschen bewahrt wird. Anfangs tut es
auch die engl. Trense, nur sollte man den Nasenriemen
entfernen und dafür einen locker sitzenden Kinnriemen einschnallen (Distanzriemen). Als Gebiß kommt für den Anfän-
ger oder für junge und umzustellende Pferde erst einmal
grundsätzlich die Wassertrense (Snaffle-Bit) in Frage. Für
umzustellende Pferde kann man eine etwas dünnere verwenden, um sie im Maul aufzufrischen. Rostende Eisengebisse
(natürlich ohne scharfe Kanten) oder Kupfereinlagen sind

sehr zu empfehlen, da sie das Pferd zum Kauen anregen.

Die passenden Zügel sind lang, schwer und geteilt. Die gebräuchlichste Zügelhaltung ist die „Brücke", wobei der rechte Zügel über den Hals nach links herunterhängt, der linke nach rechts. Sind die Zügel schwer genug, erleichtern sie das Nachfassen, da sie von allein nach unten ziehen.

Andere Gebisse will ich vorerst hier noch nicht aufführen.

Wirkungsweise und Handhabung von Bosal, verschiedenen Trainingsgebissen und blanker Kandare können im Kapitel „Gebisse" nachgelesen werden. Für die Grundausstattung des Westernreiters käme in manchen Fällen allenfalls noch das Bosal in Frage.

3. Zusätzliche Ausrüstung

Bei Pferden mit wenig Widerist kann ein Vorderzeug nötig sein. Auch wer mit seinem Pferd viel in bergigem Gelände unterwegs ist, kann ein Vorderzeug beim Klettern gut gebrauchen. Es sollte in Farbe und Ausführung zum Sattel passen, wenn es aus Leder ist; neben den Leder-Vorderzeugen gibt es aber auch recht preiswerte aus Baumwollgurten (ähnlich dem Sattelgurt), die den gleichen Zweck erfüllen.

Abgerundet wird die Ausrüstung durch Gamaschen und Skid-Boots, die die Beine des Pferdes beim Training schützen, und evtl. Hobbles.

Abschließend zu den Ausrüstungstips nun noch einige „Verhaltensmaßregeln", wie man seinen Sattel zu behandeln hat.

Als erstes müssen die Bügel „ausgedreht" werden, d. h. sie werden mit einem durchgesteckten Rundholz so verdreht,

Grundausrüstung: Einohrzaum mit Snaffle-Bit

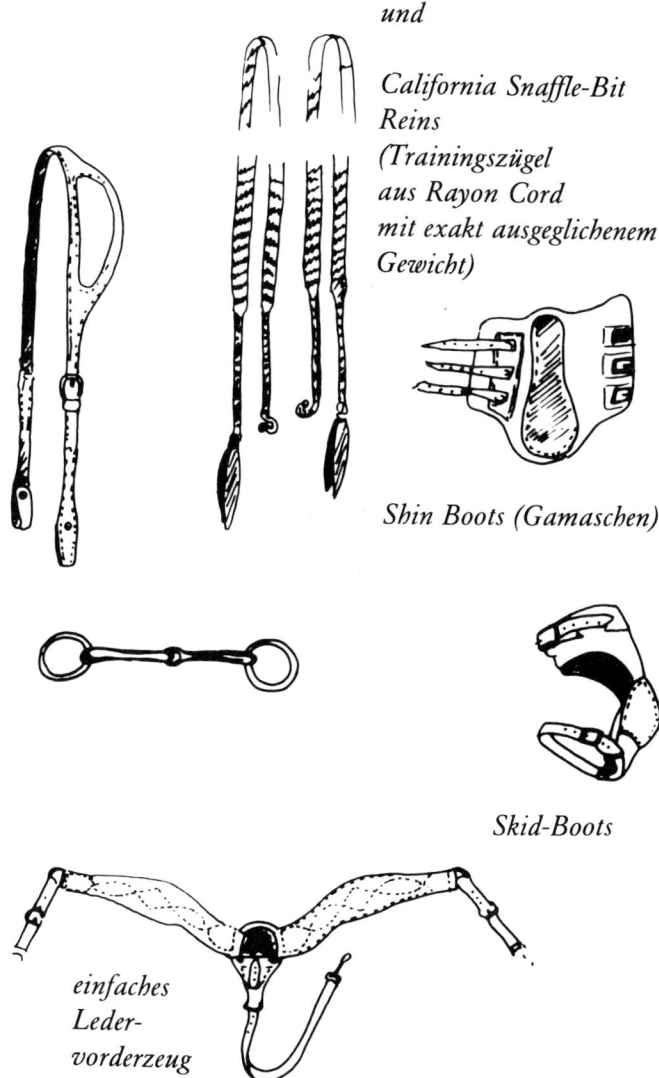

und

California Snaffle-Bit Reins (Trainingszügel aus Rayon Cord mit exakt ausgeglichenem Gewicht)

Shin Boots (Gamaschen)

Skid-Boots

einfaches Leder-vorderzeug

daß sie nicht mehr parallel zum Sattel hängen, sondern in einem Winkel von 90 Grad, damit sie dem Fuß des Reiters nicht laufend entgleiten. Dazu feuchtet man die innere Seite der Fender schräg an, dreht die Steigbügel einmal um 180 Grad herum nach außen und fixiert sie mit einem Besenstiel oder anderem Rundholz in dieser Lage. Das wiederholt man solange, bis die Bügel die richtige Stellung auch ohne Fixierung beibehalten.

Vor der ersten Verwendung des Sattels sollte man ihn zudem gut einölen, um ihn wasserabweisend und schmutzabstoßend zu machen.

Auch die Gurtung des Sattels mittels Schlipsknoten kann man schon einmal üben, bevor der Sattel auf dem Pferd liegt.

Soviel zur Grundausrüstung. Zum Training des jungen Pferdes ist zusätzlich eine Longierausrüstung und evtl. ein weiches Seil zum Hochbinden eines Hinterbeines nötig (siehe Kapitel über die Ausbildung des jungen Pferdes und Fohlens).

Transport von Pferden

Fast jeder Reiter wird früher oder später in die Verlegenheit kommen, sein Pferd verladen zu müssen. Egal ob es auf ein Turnier gehen soll, zum Tierarzt oder einfach nur mal „weg", um fremdes Gelände per Pferd zu erkunden. Unangenehm, manchmal sogar ausgesprochen entnervend ist dann ein Pferd, das nicht in den Hänger will.

Dabei kann man davon ausgehen, daß kein Pferd nach sorgfältiger Vorbereitung und bei entsprechender Fahrweise den Hänger als pferdefressendes Ungeheuer ansieht; prinzipiell läßt sich eigentlich jedes Pferd verladen.

Doch mit der Vorbereitung des Pferdes aufs Verladen hapert es bei vielen Pferdebesitzern − teils, weil sie keinen eigenen Hänger besitzen, teils, weil sie meinen, „das wird schon irgendwie gehen...". Und dann ist die Ratlosigkeit groß, wenn es nicht „irgendwie" geht.

Die beste Möglichkeit, dem Pferd die Scheu vor dem dunklen, engen Kasten, sprich Hänger, zu nehmen ist, das Ding einfach auf die Koppel oder den Auslauf zu stellen, die Trennwand herauszunehmen und Futter hineinzulegen, evtl. sogar eine „Spur" aus einzelnen Haferhäufchen, Karotten oder Äpfeln in den Hänger hineinzulegen. Über kurz oder lang wird Neugier und Verfressenheit siegen und das Pferd betritt den Hänger freiwillig, ohne daß sich nervenaufreibende Szenen zwischen Pferd und Reiter abspielen (ohne daß der Reiter überhaupt dabei sein muß). Nun gibt es aber auch „Spezialisten" unter den Pferden, die sich trotz offensichtlicher Gewöhnung an den Hänger ab und zu nicht verladen lassen, besonders dann, wenn man es eilig hat. In den meisten Fällen liegt dieses Verhalten an der verladenden Person selbst. Ist sie aufgeregt und nervös, z. B. vor einem Turnier, überträgt sich diese Stimmung recht bald auf das Pferd. Empfindliche Pferde sind dann schnell der Meinung, daß etwas nicht in Ordnung ist und werden ihrerseits nervös.

Abhilfe schafft hier nur, viel Zeit fürs Verladen einzukalkulieren und die Sache entsprechend ruhig anzugehen. Evtl. sollte auch ein anderer das Pferd einladen, der nicht selbst aufgeregt ist.

Verlädt man zwei Pferde, kann man anfangs, besonders

wenn es schnell gehen soll, zuerst das Pferd einladen, was besser und sicherer in den Hänger geht. Das andere wird dann meist problemlos hinterherlaufen (vorausgesetzt, man hat es schon mit dem Hänger vertraut gemacht). Allerdings muß man bei dieser Praxis dafür sorgen, daß ein Pferd sich nicht ausschließlich mit einem Begleitpferd verladen läßt. Muß man es irgendwann einmal ohne das Führpferd fahren, kann es Schwierigkeiten geben.

Auch die Fahrweise ist ausschlaggebend für ein auf Dauer „verladefrommes" Pferd. Jedem Fahrer, der einen Pferdehänger ziehen will, würde ich empfehlen, sich einmal eine kurze Zeit in einem fahrenden Hänger aufzuhalten und mitzuerleben, wie schwierig es ist, das Gleichgewicht zu halten, wenn der Fahrer zu stark bremst oder zu schnell in eine Kurve fährt. Diese Probe sollte allerdings nicht unbedingt auf einer öffentlichen Straße stattfinden, denn es ist offiziell verboten, sich während der Fahrt im Hänger aufzuhalten.

Besonders große Pferde haben anfangs oft Balanceschwierigkeiten in dem engen Hänger; in jeder Kurve rumpelt es dann ganz fürchterlich. In solchen Fällen muß man wirklich im Schritt-Tempo in die Kurven fahren. Die meisten Pferde lernen mit der Zeit, wie sie sich in den Kurven mit der Zentrifugalkraft „arrangieren" können.

Anders sieht die Sache aus, wenn das Pferd schon schlechte Erfahrungen beim Verladen und Fahren gemacht hat. Ich habe schon Pferde gesehen, die zwar anstandslos in den Hänger hineinliefen, drinnen aber hysterische Anfälle bekamen und sich — sogar im noch stehenden Hänger — gegen die Trenn- bzw. Außenwand fallen ließen. Vermutlich hatten sie sehr üble Erfahrungen beim Fahren gemacht, waren womöglich schon einmal im Hänger gestürzt.

Solche Pferde bekommt man nur durch laufendes Üben

mit dem Hänger wieder ruhig (am besten mit der oben beschriebenen Methode des Hängers auf der Koppel).

Zum Schutz gegen Verletzungen sollte das Pferd vor dem Verladen mit Transportgamaschen ausgestattet werden. So verhindert man am besten schlechtheilende Ballentritte und ähnliches, falls der Fahrer doch einmal gezwungen sein sollte, vor einem Hindernis scharf zu bremsen oder auszuweichen.

Eine Decke ist nur bei kühler Witterung nötig. Ist es sehr warm, kann sie sogar schaden, wenn das Pferd darunter schwitzt.

In der Frage des Anbindens im Hänger gehen die Meinungen auseinander. Viele Pferdebesitzer binden ihr Pferd überhaupt nicht an. Dies ist möglich, wenn man nur ein Pferd oder zwei, die sich gut vertragen, fährt. Es hat den Vorteil, daß die Pferde nirgendwo im Inneren des Hängers mit dem Anbindestrick hängen bleiben können und mehr Bewegungsfreiheit haben (um z. B. aus dem Heunetz zu fressen). Bei zwei sich fremden Pferden oder solchen, die sich nicht mögen, sollte man beide so kurz anbinden, daß sie sich nicht gegenseitig beißen können. Eine Kabbelei zwischen zwei Pferden im Hänger kann recht unangenehm, ja sogar gefährlich für den Fahrer werden, wenn sie nämlich so stark mit den Hälsen und der Vorhand hin und her schwingen, daß der Hänger ins Schlingern gerät.

Bindet man an, sollte man darauf achten, entweder einen Panikhaken zu verwenden oder den Anbindestrick so zu knoten, daß er durch Zug sofort gelöst werden kann.

Abschließend nun noch ein paar Tips zum Verladen von „Problempferden". Bei Pferden, die Schwierigkeiten mit dem Verladen machen (aufgrund mangelnder Gewöhnung oder schlechter Erfahrungen) sollte man auf Versuche, mit dem

Halfter einzuladen, verzichten und eine Trense verwenden, um das Tier besser halten zu können, wenn es wegspringt.

Läuft ein Pferd gern seitlich an der Verladeklappe vorbei, kann man den Hänger dicht neben eine Wand stellen und das Pferd auf der Seite einladen, die von der Wand begrenzt wird; auf der anderen, offenen Seite kann ein Helfer stehen, der ein Ausbrechen nach dieser Seite evtl. mit einer Gerte verhindert.

Hat man keine Wand in Reichweite, kann man es mit zwei Helfern und zwei Seilen oder Longen versuchen. Man befestigt auf jeder Seite des Hängers ein Seil und überkreuzt die beiden Seile dann hinter dem Pferd. Ziehen nun beide Helfer gleichzeitig an den Seilen, ist sowohl seitliche Begrenzung wie auch Schub von hinten vorhanden; viele Pferde sind auf diese Weise recht gut zu verladen. Aber trotzdem Vorsicht bei dieser Methode! Es gibt Pferde, die dem Seilzug nicht nach vorne in den Hänger ausweichen, sondern nach oben, indem sie steigen. Die beiden Helfer an den Seilen müssen in solchen Fällen schnell reagieren und die Seile loslassen, damit sich das Pferd nicht rückwärts überschlägt.

Angebracht ist es, erfahrene und ruhige Personen zu dieser Transaktion um Hilfe zu bitten; nichts verschlimmert die Situation mehr als unerfahrene, hektische „Helfer" oder unerwünschte Kommentare von umstehenden „Fachleuten".

Wichtig ist auch zu wissen, wann man loslassen muß, um Schaden für sich selbst oder das Pferd zu vermeiden. Derjenige, der das Pferd führt, muß darauf gefaßt sein, daß es plötzlich mit einem Satz in den Hänger springt; er muß dann schnell genug reagieren, um sich hinter den vorderen Holmen in Sicherheit zu bringen.

Sind keine Seile vorhanden, kann man ein nicht schlagendes Pferd auch in den Hänger „schieben". Dazu hebt man am besten einen Vorderhuf an und stellt ihn auf die Klappe. Zwei Personen verschränken dann die Hände hinter den Hanken des Pferdes und ziehen. Je dichter sie dabei neben der Hinterhand des Pferdes stehen, umso geringer ist die Gefahr, daß das Pferd genügend Platz hat, um zum Schlagen auszuholen. Allerdings besteht dabei die Gefahr, auf den Fuß getreten zu werden.

Besser als solche Kraftakte beim Verladen ist es, erst einmal festzustellen, wovor das Pferd eigentlich Angst hat und evtl. Abhilfe zu schaffen. Fürchtet sich das Pferd vor dem „dunklen Kasten", so kann man die Seitenteile der Plane hochklappen, um Licht hereinzulassen; hat der Hänger eine vordere Verladeklappe, kann man diese öffnen – der Hänger wirkt dann nicht mehr so eng und freundlicher; das Pferd wird sich anfangs nicht mehr so eingesperrt fühlen. Bei sehr großen Pferden, die den Kopf auch noch in die Luft recken, um nur ja alles genau sehen zu können, habe ich es auch schon erlebt, daß sie einfach Angst hatten, sie könnten sich den Kopf am Hängerdach anschlagen. Man kann versuchen, mit einer tief gehaltenen Futterschüssel den Kopf unten zu halten.

Vielleicht hat der „störrische" Vierbeiner auch Angst vor dem Ausrutschen auf der z. B. bei Regen glitschigen Rampe? Die aufgeschraubten Rutschleisten bieten hier nur bedingte Trittsicherheit. Eine Kokosmatte oder eine Gumminoppenauflage ist sehr viel besser und dämpft auch noch das laute Geräusch, das die Pferdehufe auf der Klappe erzeugen.

Notorische Steiger verlädt man am besten mit einem Stoßzügel, Ausbindern oder auch einem Steiggebiß, um das Hochreißen des Kopfes zu verhindern. Das ist zwar kein Allheilmittel, funktioniert aber oft recht gut.

Bei Schlägern ist es von Vorteil, sich seitlich gegen das zu verladende Pferd zu lehnen. Direkt zur Seite kann es nicht schlagen. Drückt man stark gegen das Tier, wird es versuchen, seine Balance zu erhalten und hat keinen Huf zum Schlagen frei. Weiterhin gibt es die Möglichkeit, den Schweif bei jedem Versuch, auszuschlagen, hart und schmerzhaft zur Seite zu reißen. Der momentane Schmerz läßt das Pferd die Absicht, zu schlagen, vergessen. Gerade bei Steigern und Schlägern ist es besonders wichtig, schnell zu reagieren und zu wissen, wann man besser losläßt oder zur Seite springt.

Es gibt auch Pferde, die so hysterisch beim Einladen reagieren, daß sie wie wild hin und her springen und weder auf ihre eigenen Knochen noch auf die eines Umstehenden Rücksicht nehmen. Bei diesen Tieren ist es evtl. sinnvoll, die Augen zu verbinden.

Grundsätzlich muß man sich darüber im klaren sein, daß man als Mensch kaum mit Kraft bzw. Gewalt gegen das Pferd ankommt. Wichtig ist vielmehr das richtige Verhalten zur richtigen Zeit (und beim richtigen Pferd – nicht jedes Pferd ist mit der gleichen Methode einzuladen). Mit Ruhe und einem Klaps mit der Gerte im geeigneten Augenblick kann man viel mehr erreichen als mit hektischem Gebrüll und wildem Herumfuchteln mit Gerte oder Peitsche.

Abschließend noch ein Wort zur rein technischen Seite des Pferdetransportes. Das Fahren mit dem Gespann (ich gehe von der gebräuchlichsten Version des Transports mit PKW und Hänger aus) sollte auf jeden Fall erst einmal ohne Pferd geübt werden, um sich auf die veränderten Bedingungen mit Hänger am PKW einzustellen (Es gibt auch Kurse beim ADAC). Besonders das Rückwärtsfahren hat seine Tücken; besser ist es, nicht nur theoretisch zu wissen, wie es geht, sondern es auch zu „trainieren".

Nichts ist unangenehmer, als plötzlich zum Rückwärtsfahren gezwungen zu sein (einparken, wenden etc.) und dann nicht zu wissen, wie. Das endet meist mit schräggestelltem, festgefahrenem Hänger, Ausladen der Pferde, Abkuppeln und Herausziehen von Hand. Das geht alles noch, wenn genügend Helfer dabei sind und sich die Pferde gut verladen lassen; ansonsten wird die Sache schnell unangenehm.

Auch sollte man darauf achten, daß Zugfahrzeug und Hänger in einwandfreiem Zustand sind. Selbst ein ausgefallener Blinker kann schon zu Unfällen führen! Ein zu schwaches, bzw. zu leichtes Zugfahrzeug ist gefährlich, denn damit kann man einen ins Schlingern geratenen Hänger oft nicht mehr abfangen.

Die artgerechte Haltung der Pferde
Vorteile für die Westernreitweise

Sieht man sich viele Reitvereine und auch Privatställe an, kann man oft feststellen, daß zwar für die Belange der Reiter gut gesorgt ist – von der Halle bis zum angegliederten Restaurant fehlt es dem Menschen an nichts –, daß aber das Wohl der Pferde, hauptsächlich gewährleistet durch eine artgerechte Haltung, nur unvollkommen berücksichtigt wird.

Da wird ein Pferd, von Natur aus ein Lauftier mit ausgeprägtem Bewegungstrieb und äußerst leistungsfähigem Bewegungsapparat, 23 Stunden am Tag in eine enge Box gesperrt oder, was noch schlimmer ist, mit dem Kopf zur Wand in einem Ständer angebunden. Diese Haltung nimmt dem Pferd jede Möglichkeit, seinen natürlichen Bewegungsdrang und auch seine von Natur aus vorhandene Neugier zu befriedigen. Mag die reine Stallhaltung beim Arbeitspferd, was 8 oder mehr Stunden vor dem Wagen gegangen ist, noch zu vertreten sein, so ist sie bei unseren relativ unausgelasteten Sportpferden schon fast als Quälerei zu bezeichnen. Je nach Temperament stumpfen die Tiere ab oder sie „freuen" sich jedesmal derart, wenn sie herausdürfen, daß sie ihrer „Freude" durch einige Bocksprünge oder Pullen im Gelände Ausdruck verleihen.

Viele Reiter, die über ein ausgesprochen schreckhaftes Pferd klagen, sollten sich einmal fragen, woher das wohl kommen kann.

Pferde, die nichts als ihre Stallwand oder vielleicht gerade noch den Artgenossen neben sich zu sehen bekommen und außerdem unter Bewegungsmangel leiden, sind erstens sowieso schon leichter zu erschrecken als ein Pferd, welches im Auslauf Anteil am Geschehen in seiner Umgebung nehmen kann. Zweitens nutzen viele auch einfach die Gelegenheit, suchen einen Grund, um sich durch ein schnelles Ausbrechen zur Seite oder einen „erschrockenen" Satz nach vorn etwas zusätzliche Bewegung zu verschaffen. Solche Geschichten können einem schwächeren Reiter das Vertrauen zu seinem Pferd nehmen; er verkrampft sich, wartet schon auf den nächsten Satz seines Pferdes – und schließlich überträgt sich Angst und Verkrampfung auch aufs Pferd und verstärkt dessen Scheuen, wodurch der Reiter noch unsicherer wird, etc..

Abhilfe kann man in solchen Fällen meist schon durch einfaches freies Laufenlassen des Pferdes auf dem Reitplatz vor dem Reiten schaffen. Dort kann das Tier seine überschüssige

Energie erst einmal loswerden. Diese Methode ist natürlich nur ein Notbehelf! Vorzuziehen und von jedem verantwortungsbewußten Reiter anzustreben ist eine dem Pferd gemäßere Haltung. Die Vorteile einer natürlichen Haltung für den Freizeitreiter (und auch für den potentiellen Turnierreiter) liegen auf der Hand:

1. Das Pferd ist ausgeglichener, weil es seinen Bewegungsdrang, seinen sozialen Trieb (beim Spiel und bei Festlegung der Rangfolge im Auslauf mit den Artgenossen) und seine angeborene Neugier größtenteils befriedigen kann.

2. Das Pferd „trainiert" sich bis zu einem gewissen Grad selbst; die Grundkondition eines Pferdes auf der Weide ist durch die spielerische Bewegung viel höher als bei Stallpferden.

3. Das Pferd ist lockerer. Die anfängliche Steifheit oder Verspanntheit unter dem Reiter ist beim Koppelpferd nie so ausgeprägt wie beim Stallpferd. Die Arbeit des Lösens in der Bahn wird abgekürzt; Buckeln, bedingt durch Verspannung oder Übermut, entfällt größtenteils.

4. Das Verhältnis zwischen Reiter und Pferd wird insgesamt entspannter, weil „haltungsbedingte" Untugenden des Pferdes gar nicht erst auftreten und der Reiter so ein besseres Vertrauensverhältnis zu seinem Pferd aufbauen kann.

Besonders beim Westernreiten, wo der Reiter größtenteils locker und entspannt auf seinem Pferd sitzt und mit minimalen Hilfen und minimaler Anstrengung auf sein Pferd einwirken sollte, ist ein gutes Vertrauensverhältnis zwischen Reiter und Pferd unbedingt notwendig. Ich will nun nicht behaupten, ein engl. Reiter sollte eben dieses Vertrauen nicht anstreben. Es ist für beide Reitweisen gleichermaßen wichtig! Leider ist es aber so, daß viele Vertreter der engl. Reitweise ihren

Vierbeiner eher mit Gewalt „unterwerfen" wollen; die vielen „Schlaufzügelreiter", die mangelndes Können bzw. Gefühl mit Zwangsmaßnahmen ersetzen wollen, mögen diese Behauptung unterstützen.

Nun zur Verwirklichung einer naturgemäßen Haltung der Pferde.

Für einen einzelnen Reiter ergeben sich schon einige Probleme, wenn er nicht gerade ein eigenes Haus am Ortsrand mit großem Grundstück sein Eigen nennt, um seine Pferde am Haus zu halten. Das wäre natürlich die ideale Lösung: Pferde mit „Familienanschluß". Durch den täglichen Umgang (Füttern, Pflegen etc.) mit dem Vierbeiner ergibt sich eine viel engere Beziehung, als wenn der Reiter nur mal eben zum Reiten im Verein erscheint und sein Pferd sonst kaum zu Gesicht bekommt.

Gehen wir einmal von diesem – wohl sehr seltenen – günstigsten Fall der Pferdehaltung zu Hause mit Koppel bzw. Auslauf und mindestens 2 Pferden aus. Wenn man gezwungen ist, nur ein Pferd zu halten, sollte man sich ein Gesellschaftstier, wie Ziege oder Schaf anschaffen, denn das Pferd ist ein Tier mit ausgeprägtem Sozialtrieb – in Ermangelung eines Artgenossen können sich recht tiefe „Freundschaften" zwischen verschiedenen Tierarten bilden.

Entschließt man sich zur reinen Offenstallhaltung, muß der Stall bestimmte Voraussetzungen erfüllen:

Die offene Eingangsseite darf nicht zur Hauptwindrichtung ausgerichtet sein, weil die Pferde sonst immer Zug abbekommen. Die drei geschlossenen Wände müssen vollkommen dicht sein und dürfen keinen Wind durchlassen. In windreichen Gegenden empfiehlt es sich, die Eingangsseite mit einem 2 m davor aufgestellten Windfang zusätzlich zu schützen.

An der offenen Seite sollte das Dach des Schutzstalles mindestens 1 m vorspringen, um gegen Sonne und Regen abzuschirmen.

Der Boden des Stalles muß schräg und etwas höher als der Außenboden sein; damit das Stallinnere sich nicht in einen Morast verwandelt, kann man den Boden aus etwas erhöht liegenden Bohlen erstellen oder eine Lage Kies als Drainage einfüllen. Darauf kommen Stroh, Torf oder Sägespäne als Matratze.

Um Keilereien beim Füttern zu verhindern, sollte man mit einem Hängebalken oder einer halbhohen Wand entweder den ganzen Stall teilen (bei zwei Pferden) oder, was besser ist, einzelne Ständer vorsehen, die nur zum Füttern von den Pferden betreten werden und so eng sind, daß sich nicht noch ein zweites Pferd hineindrängen kann, um dem anderen seine Ration streitig zu machen.

An den Offenstall schließt ein Auslauf an, der, wenn nicht ausreichend Platz vorhanden ist (z. B. eine große Graskoppel im Idealfall), eher lang und schmal als quadratisch angelegt werden soll, damit das Pferd auch mal einige Galoppsprünge darin machen kann (also eher 40 $\times$ 10 m statt 20 $\times$ 20 m).

Der geeignete Zaun besteht aus druckimprägnierten Pfosten und Holzstangen, um die Verletzungsgefahr möglichst gering zu halten. Eine gute Alternative ist ein „Gummizaun" aus Streifen von ausrangierten Förderbändern (sie werden von den Pferden wenigstens nicht angenagt) oder – wie oft in Amerika zu sehen – ein Zaun aus Metall-Rohren, der nahezu unbegrenzt haltbar ist.

Die reine Offenstallhaltung hat allerdings den Nachteil, daß man bei regnerischem Wetter manchmal ein triefnasses, verschlammtes Pferd vorfindet, wenn man reiten will. Um dem vorzubeugen, kann man auch geräumige Boxen mit Halbtüren versehen, in die man die Pferde nachts oder ein paar Stunden vor dem Reiten einsperren kann, damit sie trocknen. Im Normalfall kann man die Türen offen lassen und hat damit die Vorteile des Offenstalles.

Gehört man nun nicht zu den Glücklichen, die ihr Pferd am Haus halten können, so kann man sich vielleicht mit gleichgesinnten Pferdebesitzern einigen und in der Nähe ein Grundstück pachten, wo man die oben beschriebene Haltung der Pferde realisieren kann. Der Zusammenschluß mehrerer Reiter hat den Vorteil, daß man die Arbeit aufteilen kann. So muß nicht jeder jeden Tag morgens und abends zum Füttern hinfahren. Außerdem fühlen sich die Pferde in einer kleinen Herde wohler, da es ihrer natürlichen Lebensweise entspricht.

Einzelne Pferde, die sich gar nicht mit den anderen vertragen – was recht selten vorkommt – muß man so weit von den anderen abgrenzen, daß keine Schlägereien entstehen. Andererseits darf sich das isolierte Pferd aber nicht wie in Einzelhaft fühlen, d. h., es muß die anderen sehen können und auch mal über den Zaun beschnuppern.

Auf einer großen Weide wird es selten ernste Auseinandersetzungen geben, wenn erst einmal die Rangfolge festgelegt ist. Auf kleinen Paddocks sollte man die Pferde lieber einzeln oder zu zweit halten, wobei man natürlich nur zwei Pferde zusammenstellt, die sich auch mögen.

Will man neue Pferde in die schon bestehende Herde integrieren, sollte man erst einmal die Reaktionen des „Neuen" und der anderen mit einem Zaun dazwischen testen. Haben sich die Pferde über den Zaun hinweg schon etwas kennengelernt, kann man den Neuen probeweise zur Herde dazulassen, bleibt aber erst einmal – evtl. mit einer Longierpeitsche

„bewaffnet" – als Beobachter dabei stehen, um bei einer ernsthaften Schlägerei eingreifen zu können. Dies wird nur ganz selten nötig sein.

Der Zusammenschluß mehrerer Pferdebesitzer funktioniert allerdings auf Dauer nur, wenn die Beteiligten wirklich auch alle die gleiche Einstellung zur Pferdehaltung haben und sich ausnahmslos ihrer Verantwortung den Pferden gegenüber bewußt sind. Ein „faules Ei" in der Gemeinschaft – sei es weil er seinen Teil der Arbeit nicht erledigt, sei es, weil er immer etwas an allem auszusetzen hat – kann die Atmosphäre der Stallgemeinschaft sehr negativ beeinflussen. Ist man sich nicht sicher, ob man das „Risiko" einer solchen eigenverantwortlichen Stallgemeinschaft eingehen will, kann man sein Pferd auch auf einem geeigneten Bauernhof mit Koppeln bzw. Ausläufen unterbringen, wo man sich zumindest nicht selbst ums Füttern und Tränken kümmern muß. Oft findet man dort auch einen oder mehrere Pferdebesitzer, mit denen man sich auf Gegenseitigkeit einigen kann, so daß jeder die Pferde des oder der anderen mit auf die Koppel bringt oder von dort holt, wenn er „an der Reihe" ist. Oder man findet einen Jugendlichen, der sich etwas Geld verdienen will und das Pferd ein paar Stunden auf die Koppel läßt.

Hat man sehr wenig Zeit, möchte aber trotzdem auf ein eigenes Pferd nicht verzichten, ist es angebracht, sich einen ruhigen, talentierten Jugendlichen zu suchen, der das Pferd täglich bewegt und versorgt. Dem Pferd ist damit mehr gedient als mit einem „komfortablen" Stall, in dem es 23 Stunden die Wand anguckt.

Der „normale" Reitverein ist größtenteils (natürlich gibt es auch positive Ausnahmen) für eine artgerechte Haltung kaum geeignet, da z. T. der Platz fehlt und einfach die Einstellung der Pferdebesitzer den Bedürfnissen ihres Pferdes gegenüber völlig falsch ist. Vielen „Reitern" ist einfach das Wesen des Pferdes viel zu fremd, um nicht in ihrer Beurteilung, was gut oder schlecht für das Tier ist, in die Vermenschlichung des Pferdes abzurutschen. Ein geheizter Stall mit Pferdesolarium und Pferdepflegern, die sämtliche „Dreckarbeit" erledigen, nützt höchstens dem Prestigebedürfnis der dort vertretenen Pferdebesitzer, nicht aber dem Pferd, dem es mit dem nötigen Fell z. B. überhaupt nichts ausmacht, auf der Koppel im Regen zu stehen. Würde man dem Pferd genügend freie Bewegung in Sonne, Wind und Regen verschaffen, bräuchte man kein Solarium gegen Verspannungen im Rücken. Und wer noch nicht einmal bereit ist, sein eigenes Pferd selbst zu putzen und dies einem Pferdepfleger überläßt, läßt das Reiten wohl besser ganz bleiben, denn das Pferd ist kein Sportgerät, das man bei Bedarf hervorzieht, sondern ein Lebewesen mit eigenen Bedürfnissen.

Berücksichtigt man diese Bedürfnisse, wird es das Pferd durch Ausgeglichenheit danken.

Allgemeine Grundsätze zur „Arbeit" mit dem Pferd

Bevor ich die Ausbildungsschritte von der Arbeit an der Hand bis zum „fertigen" Pferd einzeln anspreche, will ich dem künftigen Ausbilder einige grundsätzliche Verhaltensweisen nahelegen, die er beherzigen sollte, um größere Schwierigkeiten zu vermeiden.

1. Oberster Grundsatz bei der Pferdeerziehung und beim Reiten ist **konsequentes Verhalten** dem „Schüler" Pferd gegenüber.

Als Beispiel: Will man dem Pferd beibringen, daß es mit dem Gebiß im Maul nicht fressen darf, muß man konsequent **jedes** beiläufige Zupfen an Blättern etc. bei einem Ausritt unterbinden; erlaubt man es zwischendurch aus Faulheit oder weil man nicht aufgepaßt hat, so wird das Pferd es immer wieder versuchen, weil es gemerkt hat, daß es ab und zu damit durchkommt. Ein Pferd, das in schnellerer Gangart mehr nach vermeintlichem Futter am Wegrand schielt statt auf Reiter und Weg zu achten, kann ganz schnell mal mitsamt dem Reiter auf die Nase fallen – man sollte sich also als Reiter überlegen, ob man solchen Unsinn durchgehen läßt. Ist das Pferd später auf Kandare gezäumt, kann es sich bei Freßversuchen im Maul verletzen, bleibt es mit den Anzügen der Kandare irgendwo im Gebüsch hängen...

2. Genauso wichtig wie die Konsequenz ist ein **ausgeglichener, ruhiger Reiter.** Wut oder Jähzorn können das Ergebnis wochenlanger Arbeit zunichte machen, wenn das Pferd wegen ungerechter Strafen (bzw. ungerechtfertigt harter Strafe) das Vertrauen zum Reiter verliert.

Besitzt ein Ausbilder Ruhe und Konsequenz, können diese Attribute auch einige Schwächen des Reiters aufwiegen.

3. Man sollte das **Denken** beim Reiten nicht vergessen. Um ein Pferd richtig anzulernen, muß man sich über die grundsätzlichen Verhaltensweisen und die Lernfähigkeit des Schülers Pferd im klaren sein. Etwas theoretische Vorbildung gehört schon dazu, wenn man Pferde ausbilden oder umstellen will!

Nie sollte man das Pferd überfordern und Lektionen verlangen, die es noch gar nicht ausführen kann, weil z. B. seine Muskeln noch nicht genügend trainiert sind. So ist es unsinnig, ein junges Pferd sofort in enge Wendungen zu reiten. Es hat anfangs gerade genug damit zu tun, sich geradeaus mit dem Gewicht des Reiters auszubalancieren. Viele Schwierigkeiten aufgrund fehlerhafter Einschätzung der Aufnahme- und Lernfähigkeit des Pferdes könnten vermieden werden, würde der Reiter sich einfach nur einmal vorstellen, wie lange ein Mensch im Sport trainieren muß, um bestimmte Muskelpartien zu beherrschen und wieviele Wiederholungen, wieviel Übung er braucht, bis eine zu lernende Übung perfekt sitzt. Berücksichtigt man dann noch die dem menschlichen Lernenden oder Trainierenden stark unterlegenen mentalen Fähigkeiten des Tieres, lassen sich viele Fehler durch etwas Nachdenken vermeiden.

Außerdem sollte man dem Pferd möglichst wenig Gelegenheit geben, überhaupt ungehorsam zu sein, d. h. mögliche Schwierigkeiten im voraus erfühlen, „erahnen". (Ein routinierter Reiter wird viele der möglicherweise auftretenden Schwierigkeiten aus Erfahrung kennen und schon darauf gefaßt sein – ein weniger routinierter Reiter kann sich durch genaues, konzentriertes Beobachten des Pferdes helfen).

4. Zum Schluß noch ein Wort zum **Alter des Pferdes.**

Die Arbeit an der Hand kann und soll schon im Fohlenalter beginnen; auch die Gewöhnung an Sattel und Gebiß kann schon mit 2½ Jahren erfolgen. Ist das Pferd kräftig und gut entwickelt, kann man es in diesem Alter auch schon mit dem Reitergewicht bekannt machen – mehr aber noch nicht. Ist das Pferd gut erzogen und angeritten worden, kann man es getrost noch ein Jahr auf die Koppel stellen, um sicher zu sein, daß man später ein gesundes und unverbrauchtes Pferd ohne Überlastungsschäden durch zu frühe Beanspruchung hat.

Manche Pferde sind auch einfach Spätentwickler und sollten besser erst vierjährig konstant geritten werden, während
andere – z. B. Vollblüter – schon früher geritten werden können; doch obwohl ein Vollblüter schon (meist aus finanziel-
len Gründen) mit knapp 2 Jahren Rennen läuft, sollte man als
Westernreiter nicht früher als dreijährig mit ernster Arbeit
beginnen. Das Pferd wird es durch lange Gesundheit danken.

Soviel zu den Grundsätzen, die man sich immer wieder
„vorbeten" kann; und nun endlich zur praktischen Ausbildung.

Gebisse und ihre Verwendung

Um nicht immer wieder die einzelnen Zäumungen erklären zu müssen, will ich sie in einem vorangestellten Kapitel
alle zusammen abhandeln.

Das normale Gebiß schlechthin für jeden Reiter und jedes
Pferd in der Ausbildung ist eine gewöhnliche Wassertrense
(Snaffle-Bit). Für ein junges Pferd kann ein dickeres Gebiß
vorteilhafter sein, für umzustellende Pferde ein dünneres, da
diese meist nicht mehr sensibel genug im Maul sind. Kupfereinlagen „schmecken" dem Pferd gut und regen es zum
Kauen an, was im Interesse der erwünschten Weichmäuligkeit wichtig ist. Auch eine Eisentrense, die schon etwas Rost
angesetzt hat (aber natürlich auch keine scharfen Kanten
haben darf), wird von vielen Pferden gern genommen. Andere kauen gern auf einem Gummigebiß herum. Hat man eine

englische Trense, kann man diese ohne weiteres verwenden, schnallt allerdings den Nasenriemen aus; er wird nicht mehr gebraucht.

Statt dessen verwendet man einen lose geschnallten Distanzriemen, ähnlich einem Kinnriemen. Auch Gummischeiben am Snaffle können sinnvoll sein, um bei stureren Pferden ein Durchziehen der Ringe durchs Maul zu verhindern. Die am besten zu verwendenden Zügel sind im Kapitel über die Erstausrüstung schon beschrieben.

Die zweite gebräuchliche Ausbildungszäumung ist das Bosal (manuelle Hackamore – nicht zu verwechseln mit der scharfen mechanischen Hackamore). Einige Trainer verwenden es schon im ersten Ausbildungsjahr, um das Maul möglichst wenig abzustumpfen (denn auch bei der sorgfältigsten und geduldigsten Ausbildung mit Snaffle-Bit wird die ursprüngliche Empfindsamkeit des Pferdes im Maul nicht vollständig erhalten bleiben). Andere benutzen es nur in der Zeit, in der das junge Pferd zahnt und dementsprechend unleidlich im Maul ist, um es nicht zusätzlich mit einem Gebiß zu belasten. Für den Freizeitreiter halte ich die zweite Methode für besser und vor allem sicherer. Das Pferd sollte mit dem Snaffle-Bit soweit gehorsam sein, daß es auf Stimme aus jeder Gangart (auch im Gelände) anzuhalten ist. Erst dann kann man das Bosal verwenden; denn mit dieser Zäumung hat der Reiter kaum mehr Einwirkung als mit einem Halfter. Im Gelände kann man bei der Umstellung anfangs auch eine dünne Trense unter dem Bosal verwenden, um, falls das Pferd doch einmal auf dumme Gedanken kommen sollte, eine Möglichkeit zu schärferer Einwirkung zu haben. Hat das Pferd ein einziges Mal gemerkt, daß der Reiter mit dem Bosal eigentlich recht hilflos ist, kann man diese Zäumung – zumindest im Gelände – nicht mehr benutzen.

Will man die **manuelle Hackmore** jedoch unbedingt von vornherein verwenden, muß dem jungen Pferd gleich zu Anfang der Ausbildung gründlicher Respekt vor dem Bosal beigebracht werden. Dazu verwendet man die Methode des Doublings. Man zäumt das Pferd auf Bosal mit Fiadore (damit das Bosal nicht übers Kinn rutschen kann) und polstert die Backenteile. Dann befestigt man einen langen Strick am Bosal und legt ihn am anderen Ende um den Snubbing Post, einen fest eingegrabenen (oder einbetonierten) Pfosten in der Reitbahn. Nun scheucht ein Helfer das Pferd schräg weg von dem Pfosten. Kurz bevor der Strick sich strafft, ruft der Ausbilder dem Pferd ein „Whoa" (welches es bei der Ausbildung an der Hand schon gelernt haben sollte) zu. Strafft sich nun das Seil, bekommt das Pferd einen gewaltigen Ruck auf die Nase; der Kopf wird herumgezogen und das Pferd kommt zum Stehen. Diese frühe Lektion wird das Pferd so schnell nicht vergessen. Man kann die ganze Geschichte am nächsten Tag nochmal wiederholen. Danach müßte das Pferd das Bosal respektieren. Bitte kein Halfter statt des Bosals verwenden, denn es ist nicht gewährleistet, daß das Pferd ein Doubling am Halfter auch auf das Bosal bezieht.

Bleiben wir beim Bosal, dessen Wirkungsweise und Handhabung:

Die manuelle Hackamore besteht aus dem eigentlichen Bosal, einem „Nasenriemen" aus geflochtenem Rohleder und der Mecate (hair rope) einem im allgemeinen aus Pferdehaaren geflochtenen „Seil", aus dem Zügelschlaufe und Führseil gebildet werden. Die rauhe Pferdehaarmecate dient zur Vorbereitung auf das Neck-Reining (die einhändige Zügelführung), da sie das Pferd beim Anlegen des äußeren Zügels leicht in den Hals „piekt". Sie hat aber den Nachteil, bei nassem Wetter Wasser aufzunehmen; in nassem Zustand ist sie unangenehm steif und hart. Will man das vermeiden, kann man auch eine Mecate aus einem weicheren, aber nicht zu leichtem Baumwoll- oder Kunststoffseil verwenden.

Gerade bei dicken Mecaten aus Pferdehaaren kommt es oft vor, daß sie am Anfang so hart sind, daß sie nicht richtig „fallen". Um dem abzuhelfen, kann man, um die Mecate weich zu machen, sie einmal in kochendes Wasser tauchen (aber nicht erschrecken, wenn sie im nassen Zustand erst einmal noch härter wird; trocken wird's dann besser).

Wirkung der mech. Hackmore auf Kinn, Nase und Genick

Wirkung des Bosals an den Backen und auf der Nase

Ein Bosal mit Stahleinlage ist nicht zu empfehlen. Es ist zwar billiger als die Rawhide-Bosals, paßt sich dem Pferdekopf aber nicht an.

Je besser und sensibler ein Pferd auf die Hilfen eines Reiters reagiert, umso dünner werden Bosal und Mecate. Es gibt sie in den Dicken 1, 3/4, 5/8, 1/2, 3/8 Zoll und pencil (bleistiftstark). Die Stärken 1 Zoll und 3/4 Zoll sind für kleine, zierliche Pferde mit entsprechend kleinen Köpfen kaum als Anfangsgröße geeignet; man startet hier mit einem 5/8-Zoll-Bosal. Für die weitere Ausbildung braucht man mindestens noch ein dünneres, am besten pencil.

Für die Umstellung einiger Pferde auf die Westernreitweise oder auch bei unsensibel gegen das normale Bosal gewordenen Pferden kann man es auch mit einem aus Pferdehaaren geflochtenen Bosal versuchen. Das sollte aber nicht zu lange, sondern nur zur Auffrischung verwendet werden, damit das Pferd nicht auch damit abstumpft.

Das Bosal wirkt nicht wie die mechanische Hackmore hauptsächlich von unten auf das Kinnbein und auf die Nase, sondern seitlich auf das Kinnbein und auf die Backenmuskeln und nur wenig auf die Nase.

Der schwere Knopf am Ende des Bosals und der dicke Knoten, mit dem die Mecate daran geknüpft wird, bewirken, daß das Bosal nach jedem Pull am Zügel wieder in Normallage zurückfällt. Das ist sehr wichtig, da ja der Zügel jeweils nur kurz angenommen werden soll.

Hat das Pferd einen kurzen Kopf, kann bei einem schweren Bosal der Knoten gegen das Kinn schlagen; man benutzt dann ein Bosal mit Fiadore.

Bei Pferden mit großem Kopf und bei Verwendung einer dicken Mecate muß man manchmal auf eine oder zwei Windungen des Knotens verzichten, da sonst das Bosal zu eng wird und am Kinn des Pferdes scheuert (Das Knüpfen der Zügelschlaufe aus der Mecate übt man am besten zu Hause).

Bevor nun das Bosal überhaupt verwendet werden kann, muß es mit einem Rundholz vorgeformt werden, damit die Schenkel später nicht an den empfindlichen Backen des Pferdes reiben. Scheuern sie trotzdem noch, kann man sie mit Fell umwickeln.

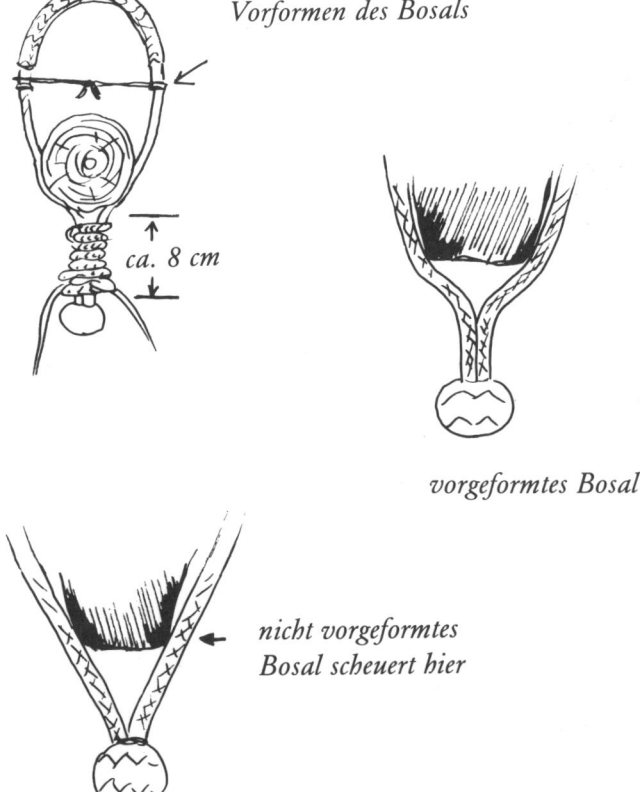

Vorformen des Bosals

ca. 8 cm

vorgeformtes Bosal

nicht vorgeformtes Bosal scheuert hier

Knüpfen der Zügelschlaufe und des Leitseils aus der Mecate

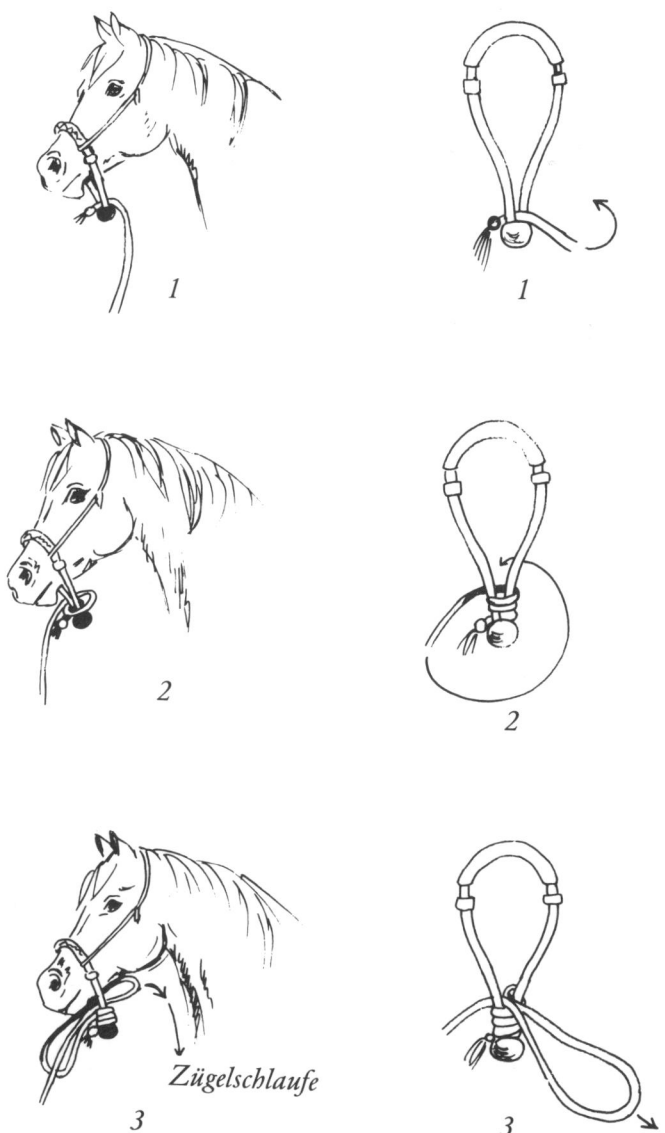

1

1

2

2

Zügelschlaufe

3

3

58

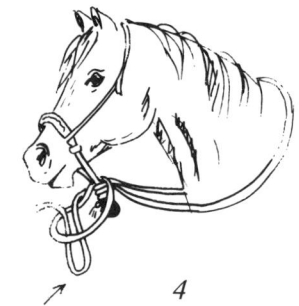

Führseil

4

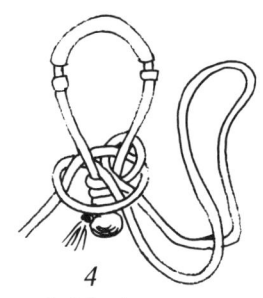

4

1. Version

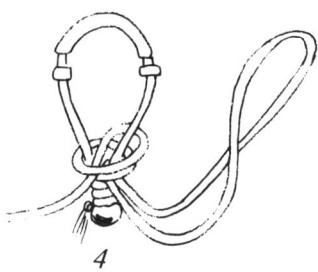

4

2. Version

5

Knüpfen eines Fiadore aus der Zügelschlaufe der Mecate

Alternative 1

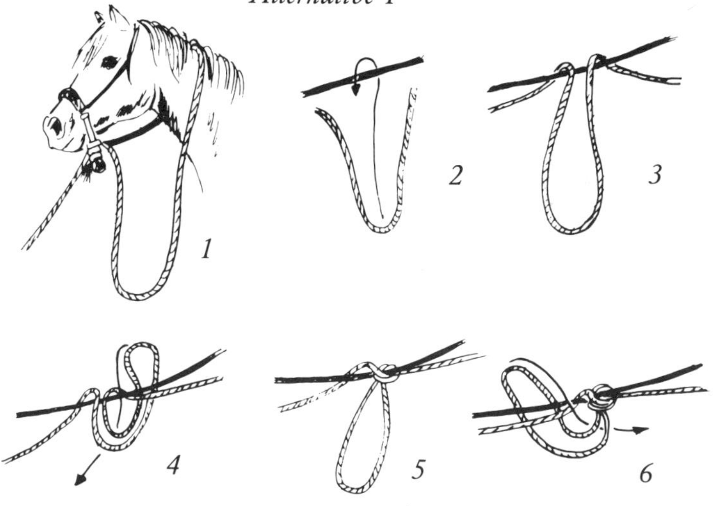

1

2

3

4

5

6

Alternative 2

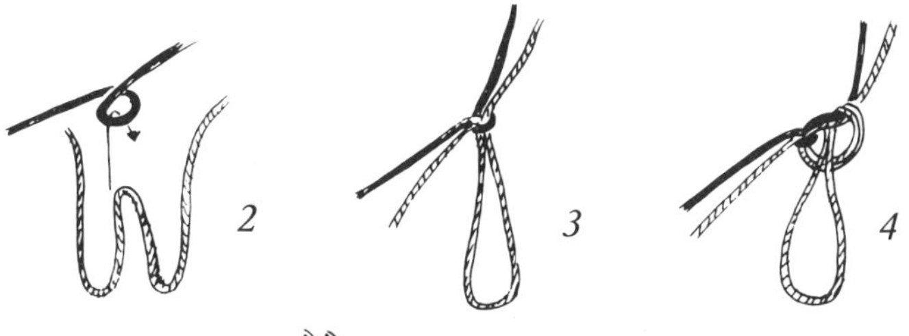

2

3

4

richtiger Sitz des Fiadore

(mit einem derart fixierten Bosal kann das Pferd auch am Leitseil der Mecate angebunden werden)

Geht das Pferd auf Bosal (bzw. auf Snaffle-Bit, für diejenigen, die nicht mit dem Bosal arbeiten wollen) korrekt auf
Gewicht und angelegten äußeren Zügel, hat also das Neck-
Reining schon begriffen, kann man, wenn man will, auf Kandare umstellen.

Für einen Reiter ohne Turnierambitionen gibt es allerdings
keinen zwingenden Grund, dies zu tun. Er kann, wenn sein
Pferd sicher und willig auf Bosal oder Snaffle-Bit geht, auch
bei dieser Zäumung bleiben; auch mit einem dünneren Bosal
kann er problemlos einhändig reiten. Allerdings ist es leider
so, daß die meisten Pferde mit der Zeit nicht mehr so gut auf
das Bosal reagieren. Der Reiter kann dann zur Auffrischung
auch eine mechanische Hackamore verwenden, will er ohne
Gebiß weiterreiten. Er sollte sich aber darüber im Klaren sein,
daß dies eine recht scharfe Zäumung ist (vergleichbar mit der
Kandare) und sie dementsprechend vorsichtig anfassen. Die
mechanische Hackamore ist auf keinen Fall eine Ausbildungszäumung, sondern sollte nur bei schon gut gerittenen
Pferden verwendet werden. Sie eignet sich gut für das Neck-
Reining.

Man achte darauf, daß der Nasenriemen der mechanischen
Hackamore nicht zu tief liegt; er muß auf dem Knochen des
Nasenbeins liegen, nicht auf dem Knorpel oder gar so tief,
daß die Atmung des Pferdes behindert wird. Auf Turnieren ist
die mechanische Hackamore nicht erlaubt.

Für die Umstellung auf Kandare benutzt man ein pencil-
starkes Bosal unter der Kandare. Die Kandarenzügel faßt
man die ersten 2 Monate überhaupt nicht an, sondern reitet
nur mit der Wirkung des Bosals (einhändig); man kann die
Kandarenzügel auch ausschnallen, um nicht in Versuchung
zu kommen, sie auch zu benutzen.

Um das Pferd schließlich auch an den angenommenen

Kandarenzügel zu gewöhnen, kann man es einige Male leicht ausgebunden in der Box oder im Auslauf sich selbst überlassen; es lernt dann schon ohne Reiter, dem Druck des Gebisses durch Einziehen des Kinns nachzugeben (aber aufpassen, daß es nirgendwo mit dem Gebiß hängenbleiben kann!).

Einige Pferde akzeptieren anfangs keine scharfe Kandare; schlägt das Pferd fortgesetzt mit dem Kopf, so wähle man ein weniger scharfes Gebiß.

Überhaupt sollte der Freizeitreiter sich überlegen, ob er nun unbedingt ein Gebiß wie das California-Spade-Bit verwenden muß, oder ob es ein weniger scharfes, einfaches Curb-Bit oder auch ein Snaffle-Bit mit Shanks (Hebelanzügen) nicht auch tut.

Ein weniger routinierter Reiter wird meistens nicht die nötige Sensibilität in der Zügelhand aufbringen, um mit sehr scharfen Gebissen richtig umgehen zu können (Ein Gebiß wie das Spade-Bit erfordert ein vorher absolut korrekt auf Snaffle und Bosal ausgebildetes Pferd – also etwa 3 Jahre Vorarbeit). Außerdem stellen sich die meisten Pferde viel schneller z. B. auf ein Snaffle mit Shanks ein als auf eine scharfe Kandare.

Hat das Pferd sich an das Gebiß gewöhnt und ausgebunden gelernt, dem Druck des Gebisses nachzugeben, schnallt man die Kandarenzügel zum Reiten wieder ein, benutzt sie anfangs aber nur im durchhängenden Zustand zusätzlich zur Mecate. Später verkürzt man sie dann Woche für Woche ganz leicht, so lange, bis das Pferd schließlich nur noch auf den Kandarenzügel reagiert. Das Bosal bleibt allerdings noch lange zusätzlich am Pferdekopf, um bei evtl. Widersetzlichkeiten des Pferdes mit dem Bosal korrigieren zu können und nicht mit der Kandare. Schlägt das Pferd laufend mit dem Kopf, so sind die Kandarenzügel zu kurz; man läßt sie wieder ganz locker und beginnt von neuem mit dem schrittweisen Verkürzen, aber etwas vorsichtiger. Bis das Pferd sicher auf blanke Kandare geht, kann es ½ bis ein Jahr dauern, je nachdem wie oft der Reiter mit ihm arbeitet, wie empfindlich das Pferd ist und welches Gebiß verwendet wird.

Die oben beschriebene Umstellung ist zwar die korrekteste Methode (und auch die schonendste) aber nicht die einzige. Sie wird im Californischen Stil des Westernreitens verwendet.

Beim Texanischen Stil wird meist weniger vorsichtig zu Werke gegangen. Die texanischen Trainer verwenden hauptsächlich das Snaffle-Bit, weniger das Bosal. Zur Umstellung benutzen sie verschiedene Trainingsgebisse, die sowohl mit dem direkten Zügel als Snaffle-Bit als auch mit dem indirekten wie beim Neck-Reining auf blanker Kandare verwendet werden können.

Diese Gebisse sind sowohl zur Umstellung als auch zur dauernden Verwendung für den Freizeitreiter geeignet. Doch auch bei diesen Gebissen gilt im allgemeinen: das Pferd muß erst auf Snaffle-Bit oder Bosal alle gewünschten Lektionen beherrschen und durchgymnastiziert sein, bevor diese Trainingsgebisse sinnvoll sind. Anders liegt der Fall bei umzustellenden Pferden: viele der engl. gerittenen Pferde sind leider im Maul relativ unempfindlich geworden. Bei solchen Pferden kann ein Wechsel des Gebisses sinnvoll sein, um sie im Maul aufzufrischen; aber auch hierbei sollte keine allzu scharfe Zäumung verwendet werden, sonst kann es passieren, daß das stumpfe Pferd noch stumpfer im Maul wird, es wehrt sich gegen das scharfe Gebiß. Manchmal ist in solchen Fällen auch ein Bosal oder ein Bosal aus Pferdehaaren gut zu gebrauchen, weil es einfach etwas „Neues", Ungewohntes für das abgestumpfte Pferd bedeutet. Einige im Maul verdorbene

Pferde sind auch einfach auf der Nase empfindlicher, weil dort noch unverdorben.

Nachstehend will ich einige gebräuchliche Trainings- und Kandarengebisse beschreiben:

Snaffle Bit mit Shanks

a) Das Pelham ist eines der einfachsten Trainingsgebisse (das dem engl. Reiter bekannte Pelham tut's auch). Es ist sowohl als Snaffle-Bit zu verwenden als auch, schnallt man den Zügel in die Shanks ein, als gebrochene Kandare; mit vier Zügeln dient es der Umstellung auf das Neck-Reining. Der direkte Zügel kann korrigierend eingesetzt werden, ansonsten reitet man mit dem indirekten Zügel einhändig.

b) andere Formen des Snaffle mit Shanks. Je nach Vorliebe des Pferdes kann man es auch mit anderen Formen versuchen; es gibt viele verschiedene Arten. Manche Pferde spielen gern mit einem mehrteiligen Mundstück, andere gehen besonders gut mit Kupfermundstücken... ein sensibler Reiter kann durch Ausprobieren schnell herausfinden, welches Gebiß seinem Pferd am besten gefällt.

Es kann auch sinnvoll sein, öfter das Gebiß zu wechseln, um die Aufmerksamkeit des Pferdes zu erhalten.

Besonders für umzustellende Pferde sind Snaffle Bits mit Shanks empfehlenswert, da sie für die meist auf Wassertrense abgestumpften Pferde etwas „Neues" darstellen. Die Pferde reagieren erst einmal vorsichtig darauf, weil sie nicht wissen, was der Reiter ihnen damit „tun" kann und sind dementsprechend aufmerksamer.

Kandarengebisse

a) Auch unter den Kandarengebissen gibt es Varianten, die als Trainingsgebiß verwendet werden können, dann nämlich, wenn 4 Zügel eingeschnallt werden können.

Für schon recht sicher im Neck-Reining gehende Pferde kann man diese Gebisse als Steigerung der Snaffle-Bit mit Shanks verwenden. Zur Korrektur hat man dann aber immer noch den direkten Zügel ohne Hebelwirkung.

Gebisse

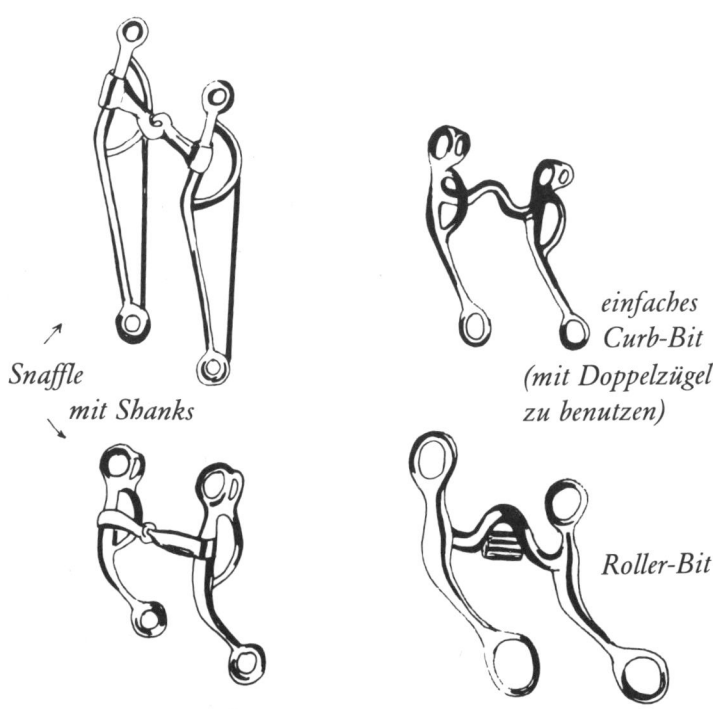

Snaffle
mit Shanks

zur Umstellung auf Kandare

*einfaches
Curb-Bit
(mit Doppelzügel
zu benutzen)*

Roller-Bit

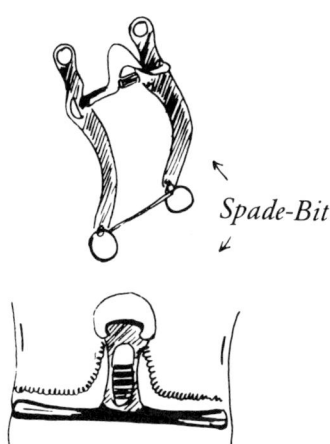

Spade-Bit

*mildes Pelham mit
ungebrochenem Mundstück
und kurzen Anzügen*

b) Kandaren für das „fertige" Pferd

b) 1: einfaches Curb-Bit (Grazer Bit): wird im Texanischen
Stil verwendet und ist als weniger scharfes Gebiß
vielen Freizeitreitern eher zu empfehlen, als ein
Roller oder Spade-Bit. Dazu passen einfache, ge-
teilte Lederzügel.

b) 2: Das Roller-Bit stellt einen Übergang vom einfachen
Curb-Bit zum California-Spade-Bit dar und wird
von nervösen Pferden gern genommen, da sie sich
durch Spielen mit dem Röllchen „abreagieren können.

b) 3: Das Spade-Bit ist nur für perfekt ausgebildete Pferde und gute Reiter zu empfehlen. Es ist so ausge-
wogen, daß es das Pferd ohne Zügeleinwirkung
des Reiters zum erwünschten „Head-set" animiert
(Head-set = abknicken im Genick, vergleichbar
dem am Zügel stehen). Dazu passen die geschlossenen Zügel mit Romal.

Auch bei Kandaren probiert man am besten aus, welche das Pferd gern nimmt.

Nun noch ein paar abschließende Worte zu den Gebissen.

Die Schärfe eines Gebisses hängt nicht nur von seiner Dicke (z. B. beim Snaffle) und von der Länge der Hebelarme ab, sondern auch von dem Verhältnis zwischen der Länge des Hebelarms bis zur Gebißstange (B) und der Länge des Teils von der Öse für den Kinnriemen bis zur Gebißstange (A).

Je länger B im Verhältnis zu A, umso schärfer die Wirkung.

Bei gebrochenen Gebissen achte man darauf, daß sie genau der Breite des Pferdemauls entsprechen. Sind sie zu breit, kann es passieren, daß sich das Gebiß zu einer Spitze formt und gegen den Gaumen des Pferdes drückt.

Kandarengebisse dürfen auf keinen Fall zu schmal sein, damit sie die Maulwinkel nicht einklemmen. Kinnriemen werden so verschnallt, daß zwei Finger darunter Platz haben.

Die Gebisse müssen so hoch geschnallt werden, daß sie genau im Maulwinkel des Pferdes liegen, diesen jedoch nicht hochziehen.

Hilfszügel und Korrekturgebisse

Die erwähnten Gebisse wie Pelham und andere Snaffle mit Shanks können, um die Weichmäuligkeit verdorbener Pferde wieder herzustellen, auch als Korrekturgebisse verwendet werden. Ein Pferd kommt bei Verwendung von Hebelanzügen nicht so schnell auf die Idee, sich aufs Gebiß zu legen.

Ein häufiger Wechsel verschiedener Gebisse kann, wie schon erwähnt, genauso sinnvoll sein.

Für Pferde, welche die Zunge übers Gebiß nehmen, empfiehlt sich eine Zungenstrecker-Trense (mit Löffel).

Das Umwickeln von Gebissen mit in Zucker- oder Salzlösung getränkten Lappen kann hartmäulige Pferde zum Kauen anregen.

Auch der Geschmack von rostendem Eisen und Kupfer fördert das Kauen – die Speichelbildung im Interesse der Weichmäuligkeit.

Manche Reiter schnallen, wenn sie mit vier Zügeln reiten, den Trensenzügel als Schlaufzügel, um dem Pferd ein Headset anzugewöhnen. Ich würde diese Methode nicht empfehlen, da sie bei stureren Pferden zu langandauerndem Druck auf das Gebiß führt, der beim Westernreiten möglichst zu vermeiden ist.

Besser ist in den Fällen, wo das Pferd den Rücken wegdrückt oder die Nase zu hoch trägt, die Verwendung von Trainingsausbindern, die entweder auf die Nase oder (ähnlich dem engl. Chambon) auf die Nerven hinter den Ohren wirken; sie schonen das Maul.

Schlägt das Pferd mit dem Kopf und will sich so der Zügeleinwirkung entziehen, kann man ein laufendes Ringmartingal in die Snaffle-Bit-Reins einschnallen.

Ausbinder dürfen anfangs nicht zu kurz geschnallt werden, damit sich das Pferd nicht angewöhnt, sich dagegen zu wehren, d. h. laufend dagegen zu drücken.

Hilfszügel

Nasen-Ausbinder
(Tie-Down)

Trainings-
ausbinder

*wirkt auf die Nerven
vor und hinter den
Ohren.*

Ausbildung des Fohlens und des jungen Pferdes an der Hand

Ist schon das Fohlen daran gewöhnt worden, den Menschen als Respektperson anzusehen, hat man beim Umgang mit dem jungen Pferd einen entscheidenden Vorteil.

Es hat schon früh einige stimmliche Kommandos wie „Whoa" oder „Back" begriffen und läßt sich ohne großes Zerren oder Vorwärtsstürmen führen, hat evtl. schon gelernt, ruhig stehenzubleiben... All dies sind Verhaltensweisen, die einem jungen Pferd, das nicht als Fohlen schon gut erzogen worden ist, erst noch beigebracht werden müssen.

Solche grundlegenden Erziehungsmaßnahmen sollten auf jeden Fall erfolgen, bevor dem jungen Pferd das Ausmaß seiner Kraft bewußt geworden ist. Kommt man bei einem Fohlen in den allermeisten Fällen mit einem kräftigen Ruck am Halfter (in Verbindung mit dem Kommando „Whoa") aus, wenn es an der Hand vorwärtsstürmt, so muß man bei einem „rüpelhaften" Dreijährigen manchmal schon drastischere Methoden anwenden. Es ist sicher kein schöner Anblick, wenn der Reiter von seinem Pferd geführt wird, statt umgekehrt, wenn sich das Pferd also in diesem Fall als der Ranghöhere fühlt. Auch Pferde auf der Koppel beherzigen eine bestimmte Rangfolge – und wehe es wagt einer, dem Ranghöheren den „Vortritt" streitig zu machen – das „Vergehen" wird mit Drohungen, Huftritten oder Bissen bestraft. Nun hat man als Mensch ja nicht die Möglichkeit, mit Huftritten oder Bissen zu strafen. Ein Schlagen mit der Hand ist grundsätzlich zu vermeiden; Schläge im Kopfbereich machen das Pferd kopfscheu; an anderen Stellen tut man sich dabei nur selbst weh. Allerdings kann man in manchen Fällen den Huftritt eines Artgenossen durch einen Tritt mit der flachen Seite

des Stiefels (nicht mit der Spitze) in die Rippen nachempfin-
den. Ein „Fußtritt" sieht zwar relativ gewalttätig aus, ist aber
eigentlich nicht brutal, ruft man sich ins Gedächtnis, daß die
Pferde miteinander genauso umgehen, um ihren Platz in der
Rangordnung zu behaupten.

Solche „Gewaltakte" sollen allerdings auf wenige Ausnahmen beschränkt bleiben, um das Pferd nicht unnötig abzustumpfen oder ihm das Vertrauen zum Ausbilder zu nehmen.

Nach diesen allgemeinen Ausführungen nun zu den
Übungen an der Hand und an der Longe im einzelnen.

Führen — Rückwärtsrichten an der Hand — stimmliche Kommandos

Um das junge Pferd grundsätzlich an Gehorsam zu
gewöhnen, sollte man auf die Arbeit an der Hand keinesfalls
verzichten. Vokale Kommandos, die der Reiter dem Pferd an
der Hand schon beibringt, wird es dann unter dem Sattel
bereits kennen und dementsprechend ohne viel Zügeleinwirkung darauf reagieren können.

Erste Übung ist das einfache Führen im Schritt. Das Pferd
muß lernen, auf das Kommando „*Whoa*" (oder „Halt", für
diejenigen, die deutsch mit ihrem Pferd reden wollen) stehen
zu bleiben. Ein kräftiger Ruck am Halfter (am besten ein
Halfter, welches nicht nur auf die Nase, sondern auch durch
Zug im Genick wirkt) wird ein empfindliches Pferd zum Stehenbleiben veranlassen. Wiederholt man diesen Ruck mehr-
mals aus dem Schritt bei gleichzeitigem Kommando „*Whoa*"
wird dem Pferd schnell die Verbindung: Druck auf die Nase —
„*Whoa*" klar. Bald wird es allein auf Stimme anhalten. Irgendwann kann man auch das „*Whoa*" weglassen; das Pferd muß
aufmerksam auf die führende Person achten und anhalten,
sobald diese stehenbleibt. Dazu ist es natürlich notwendig,

daß sich die Nase des Pferdes nicht weiter vorn befindet als die Schulter des Reiters (Führers). Beherrscht das Jungpferd diese Übung im Schritt, kann man dasselbe im Trab wiederholen.

Wichtig ist vor allem, daß das Pferd in den ersten paar Monaten der Ausbildung an der Hand und unter dem Reiter nur eine Bezugsperson hat. Hat diese Bezugsperson (= Ausbilder) nämlich die Rangfolge erst einmal zu seinen Gunsten entschieden, wird er kaum noch Probleme mit „Widersetzlichkeiten des Pferdes auf Probe" haben. Ein anderer Ausbilder müßte sich erst wieder erneut durchsetzen. Außerdem hat jeder seine eigene Methode, mit Pferden umzugehen, die sich mehr oder weniger stark von den Methoden anderer unterscheidet; es reicht vollkommen, wenn sich das junge Pferd erst einmal auf eine Methode einstellen muß.

Macht das Pferd beim Führen Schwierigkeiten, sollte man sich eine zweite Person zur Hilfe holen; zerrt es nach hinten, muß es der Helfer mit einer Gerte leicht antippen. Die führende Person kann allerdings auch selbst mit einer langen Gerte das Hinterbein auf seiner Seite erreichen, ohne sich umdrehen zu müssen oder das Pferd anzusehen.

Stürmt das Pferd vorwärts, kann man ihm von vorn eine Gerte vor die Nase halten (nur halten, nicht schlagen); in schwierigen Fällen kann man es auch an einem langen Seil an einen starken Pfosten (ein Baum tut's auch) binden und dann an einem zusätzlichen Führstrick schräg vom Pfosten wegführen. Kurz bevor das Seil zwischen Pferd und Pfosten gestrafft wird, läßt man es ruhig stürmen, evtl. von einem Helfer vorwärtsscheuchen und sagt gleichzeitig „Whoa". Das sich straffende Seil wird ihm ruckartig den Kopf herumreißen und ihm Respekt vor dem Halfter und dem Wort „Whoa" beibringen. Ein Halfter mit Führkette, die bei einem Ruck schmerzhaft auf die Nase drückt, ist beim Führen von problematischen Pferden auch empfehlenswert.

Klappt das Führen im Trab und im Schritt, kann man mit der Übung „*Back*", dem Rückwärtsrichten an der Hand, beginnen. Man stellt sich seitlich neben das Pferd; mit dem Kommando „*Back up*" oder „*Zurück*" tippt man dem Tier mit einer Gerte leicht erst an das eine, dann an das andere Fessel-gelenk oder man klatscht ihm mit der flachen Hand vor die Brust. Gleichzeitig ruckt man leicht am Halfter. Das Pferd wird dem Druck auf die Nase und dem Impuls an den Vorder-beinen bzw. an der Brust nach rückwärts ausweichen. Anfangs genügen zwei Tritte rückwärts; dann lobt man das Pferd sofort, damit es weiß, daß es richtig reagiert hat.

Einige Pferde versuchen aber auch, sich anfangs den unan-genehmen Impulsen durch „Flucht nach vorn" zu entziehen. Deswegen sollte man nie vor dem Pferd stehen.

Andere rollen nur Kopf und Hals ein, bleiben aber stock-steif stehen. Dabei hilft manchmal das Anheben eines Vor-derbeines durch einen Helfer. Drückt man dann von vorn gegen die Brust des Tieres, wird es auf drei Beinen um sein Gleichgewicht „kämpfen" und schließlich das losgelassene vierte Bein etwas weiter hinten wieder aufstellen. Das ist schon ein erster Erfolg, das Pferd sollte gelobt werden. Mit dem zweiten Vorderbein verfährt man dann genauso.

Viele Pferde neigen dazu, den Kopf beim Rückwärtsrichten zu tief zu nehmen, sich also „einzurollen"; dabei klebt die Vorhand dann am Boden. Diese Pferde muß man nun dazu bringen, Kopf und Hals hochzunehmen, um die Vorhand zu entlasten und die Hinterhand vermehrt zu belasten. Durch schnelles seitliches Hin- und Herbewegen des Führstricks oder noch besser einer klirrenden Führkette wird meistens ein etwas irritiertes Heben des Kopfes beim Pferd erreicht. Achtet man auf die korrekte Ausführung des Rückwärtsrichtens mit diagonaler Fußfolge und tiefer Hinterhand schon bei der „Handarbeit", treten bei Übungen unter dem Reiter umso weniger Schwierigkeiten auf.

Um dem Pferd nicht von Anfang an die Lust an der Arbeit zu vermiesen, sollte man einzelne Übungen nie lange wiederholen, sondern ruhig auch mal mit ihm spazierengehen, es vielleicht einmal am Führstrick über ein paar Stangen treten lassen, also die Ausbildung an der Hand möglichst spielerisch und abwechslungsreich gestalten. Ab und zu sollte das Pferd auch ruhig angebunden irgendwo eine Weile stehen gelassen werden, damit es sich daran gewöhnt.

Nebenbei kann man schon damit beginnen, dem Pferd die Angst vor dem Sattel zu nehmen. Diese Angst, die ein Pferd, vor diesem „Etwas" auf seinem Rücken empfindet, ist eine ganz natürliche Sache, waren doch die natürlichen Feinde der wildlebenden Pferde Raubtiere, die teilweise auf deren Rücken sprangen, um sie durch einen Biß ins Genick zu töten. Bei Zebras, die von Löwen angegriffen werden, kann man das heute noch beobachten.

Man beginnt also unter beruhigendem Zureden mit einem Tuch oder einem Sack („aussacken"), das Pferd überall zu berühren und ihm das Tuch auch ruhig einmal leicht an die Flanken zu klatschen. Bei schreckhaften, nervösen Pferden wird es etwas länger dauern, bis es sich das ohne zu zappeln oder zu zucken gefallen läßt. Versucht das Pferd nach dem Sack zu schlagen, kann man ihm ein Hinterbein hochbinden (siehe Abbildung). Man muß allerdings darauf achten, daß die Schlinge um den Hinterfuß gut abgepolstert ist, um Verletzungen zu vermeiden. Die beruhigende, d. h. leise, tiefe und gleichmäßige Stimme des Menschen, zu dem das Tier schon etwas Vertrauen gefaßt hat, wirkt besonders bei sensiblen Tieren manchmal Wunder. Ein lautes Anschreien kann von solchen Pferden schon als Strafe aufgefaßt werden.

Hinterbein hochbinden

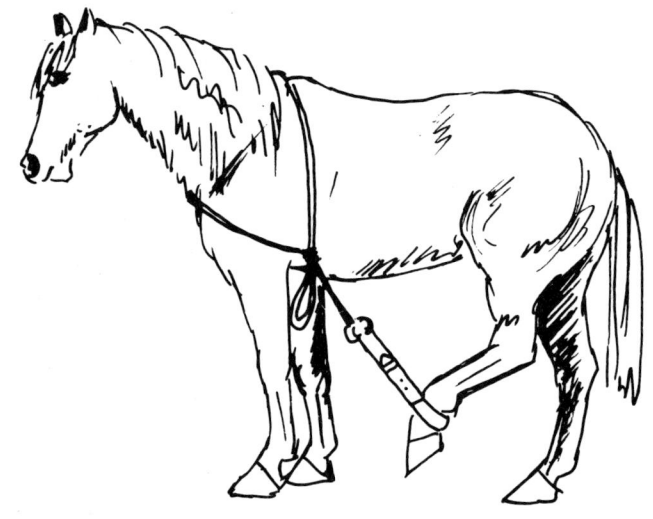

Läßt sich das Pferd das Aussacken widerstandslos gefallen, kann man – ruhig mit Schwung – ein Pad oder einen Woilach und dann – vorsichtig – den Sattel auflegen. Am besten, man läßt das Pferd den Sattel vorher beriechen, damit es sich von dessen „Ungefährlichkeit" überzeugen kann. Diese Prozedur müßte eigentlich ohne Schwierigkeiten abgehen, wenn das Pferd das Aussacken brav hingenommen hat. Man muß allerdings darauf achten, daß das Fell des Pferdes unter Pad und Sattel glatt liegt – also die Lage des Sattels nie gegen die Fellrichtung nach vorne korrigieren. Den vorderen Bauchgurt zieht man nun erst einmal nur leicht an. Damit verhindert man, daß das Pferd unangenehme Gefühle mit dem Auflegen des Sattels verbindet. Dann kann man das Pferd eine Weile spazierenführen und den Gurt dann evtl. noch einmal nachziehen. Neigt das Pferd nicht dazu, sich auf Koppel oder Auslauf sofort hinzulegen, kann man es auch einfach eine

Weile mit Sattel und Halfter auf dem Reitplatz frei laufen lassen, um die durch das ungewohnte Gewicht auf dem Rücken bedingten Spannungen abzubauen. Allerdings muß man dabei auf der Hut sein; manche Pferde versuchen, den unangenehmen „Gegenstand" auf dem Rücken durch Wälzen loszuwerden.

Hat es den Sattel „verkraftet", kann man damit beginnen, ihm das Snaffle-Bit ins Maul zu schieben und zwar vorsichtig, damit das Gebiß nicht gegen die Zähne des Pferdes schlägt. Falls dies doch geschieht, wird es unter Umständen das Maul beim nächsten Mal nicht mehr so bereitwillig aufmachen. Das Kopfstück sollte nach Augenmaß schon ungefähr auf den Kopf des jungen Pferdes eingestellt sein, bevor man es dem Tier überstreift, damit man nicht unnötig viel am Pferdekopf „herumfummeln" muß und das Pferd womöglich ungeduldig macht. Viele Pferde mögen es auch nicht, wenn man das Kopfstück über die Ohren nach hinten zieht und dabei die Ohren einklemmt. Man versucht also, die Ohren mit einer Hand leicht nach vorn zu „biegen" und das Kopfstück über die Ohrenspitzen zuerst zu streifen.

Auch mit dem Snaffle kann man das Pferd eine Weile auf dem Auslauf sich selbst überlassen. Man kann es leicht ausbinden, damit es lernt, dem Druck des Gebisses nachzugeben. Anfangs kann es auch ohne Zügel freigelassen werden, nur um sich an das „Ding" im Maul zu gewöhnen. Natürlich darf innerhalb des Auslaufs nirgendwo ein Grasbüschel oder anderes erreichbares Futter herumstehen, an dem es knabbern könnte.

Je mehr Zeit man sich mit den vorbereitenden Übungen läßt, umso besser. Je langsamer und ruhiger das Pferd an seine künftigen Aufgaben herangeführt wird, desto mehr Vertrauen bekommt es zu seinem Ausbilder.

Longieren und erstes Aufsitzen

Ist das Pferd mit Sattel und Snaffle-Bit hinlänglich vertraut, kann man mit leichter Longenarbeit anfangen. Dabei sollte man die Longe nicht in die Ringe des Snaffle-Bit einschnallen, wie es bei der englischen Reitweise manchmal gemacht wird; ein Kappzaum oder ein einfaches Halfter sind besser, um das Maul des Pferdes von Anfang an zu schonen. Außerdem ist es gut, Gamaschen (vor allem an den Vorderbeinen) zu verwenden, da das junge Pferd noch nicht ausbalanciert ist und sich auf dem engen Longierzirkel durch Anschlagen selbst verletzen kann. Die Steigbügel sollten anfangs mit einem Riemen unter dem Bauch zusammengebunden werden (oder hochgeschlagen und mit einem Riemen am Sattelhorn befestigt), damit sie dem Pferd nicht gegen den Bauch schlagen.

Am günstigsten für die ersten Versuche an der Longe ist ein ringsum eingezäunter, runder Longierplatz. Darin kann das Pferd am wenigsten ausbrechen. Wie überhaupt während der gesamten Ausbildung sollte man dem Pferd möglichst wenig Gelegenheit geben, Ungehorsam „auszuprobieren". Hat man also keinen festen Longierzirkel, baut man sich selbst einen aus Strohballen, so hoch, daß das Pferd keine Lust verspürt, evtl. darüberzuspringen.

Mit einem kreisrunden Longierplatz verhindert man ein Stehenbleiben des Pferdes oder Umdrehen beim Longieren in fast allen Fällen. Auf einem Platz mit Ecken kann sich das Pferd in einer Ecke umdrehen.

Für die ersten paar Runden brauchen wir einen Helfer, der das Pferd um die longierende Person herumführt, um ihm klar zu machen, was es überhaupt soll. Die Gangartenkommandos *Schritt* und *Jog* bzw. *Trab* kennt das Pferd schon vom Führen an der Hand. Der Helfer kann das Pferd nun auf

Kommando des Longierenden in Schritt und Trab anführen. Reagiert es nicht gleich auf das Kommando, kann er es wie beim Führen, ohne sich umzudrehen, mit einer langen Gerte antippen. Dann versucht es der Longierende ohne Helfer.

Das Kommando „Lope" (Galopp) hat solange Zeit, bis das Pferd sich auf dem relativ engen Zirkel in Schritt und Trab ausbalanciert hat und ruhig und korrekt geht.

Die Longierpeitsche sollte lang genug sein, um das Pferd bei Bedarf auch damit erreichen zu können – nicht zum Schlagen, sondern zum Antippen, wenn das Pferd nicht auf das Kommando zur nächsthöheren Gangart reagiert.

Schafft es das Pferd, sich trotz Longierzirkel und anfänglichem Anführen umzudrehen, muß es sofort möglichst ruhig korrigiert werden, indem man es mit einem „Whoa" und einem Ruck am Halfter erst einmal anhält. Ein Helfer, der das Pferd wieder auf die richtige – d. h. gewünschte – Hand führt, während der Longierende in der Mitte stehen bleibt, ist angebracht.

Er kann dann das Pferd, nachdem es der Helfer losgelassen hat, gleich mit der Longierpeitsche zum Vorwärtsgehen veranlassen. Ein Pferd, das den Rücken beim Longieren stark wegdrückt, kann man evtl. gleich zu Anfang leicht ausbinden; dazu eignet sich ein im Kapitel Hilfszügel beschriebener Trainingsausbinder.

Ist das Pferd schon eine Weile an der Longe gegangen, kann man es auch an den Zügeln ausbinden, damit es lernt, dem Druck des Gebisses nachzugeben (oder man kann es an den Zügeln ausgebunden für eine Weile im Auslauf lassen). Ein zu starkes Ausbinden ist zu vermeiden, da das Tier ja lernen soll, sich frei zu tragen und für manche Übungen an der Longe Hals und Kopf etwas hochnehmen können muß, z. B. beim Kommando „Whoa" aus Schritt oder Trab (dies kann schon gut an der Longe geübt werden). Bindet man das Pferd zu stark aus, versucht es, im Ausbinder bzw. in den Zügeln ein „fünftes Bein" zu finden, legt sich auf das Gebiß, kommt mit der Nase zu tief und belastet die Hinterhand nicht genug, treibt man nicht laufend mit der Longenpeitsche.

Es gibt allerdings in punkto Longieren sehr verschiedene Ansichten. Manche Trainer sind der Meinung, das Ausbinden des Pferdes mit Gebiß beim Longieren würde ihm von Anfang an Respekt vor dem Gebiß beibringen. Das mag bei manchen Pferden der Fall sein. Andere lernen dabei, sich aufs Gebiß zu legen, werden stur im Maul.

Grundsätzlich falsch ist weder die Methode, am Zügel auszubinden, noch das Pferd mit Trainingsausbinder, der auf Nase oder Genick wirkt, zu longieren oder evtl. auch gar nicht auszubinden. Die jeweilig günstigste Methode ist bei jedem Pferd eine andere. Hat das Pferd an der Longe alle stimmlichen Kommandos begriffen und geht ruhig in allen drei Gangarten, kann man mit der Arbeit unter dem Reiter beginnen.

Wie kommt man nun am besten auf den Rücken seines Vierbeiners, ohne gleich wieder abgeworfen zu werden?

Hat man sämtliche hier beschriebenen Übungen mit seinem Pferd absolviert, ist das eigentlich kein großes Problem mehr. Man muß nur vermeiden, das Pferd zu erschrecken. Also: beruhigend zureden und sich von einem Helfer, der das Pferd auch festhält, erst einmal leicht anheben lassen und sich einfach nur quer über den Sattel legen, um das Pferd das Gewicht spüren zu lassen; dabei immer weiter reden, damit das Pferd den Druck auf den Rücken mit seiner Vertrauensperson in Verbindung bringt. Macht das Pferd in dieser Situation einen kleinen erschreckten Hopser, läßt man sich einfach seitlich heruntergleiten und probiert das ganze nochmal. Man kann dem Pferd auch – wie beim Aussacken, – ein

Hinterbein hochbinden. Es kann dann nicht mehr viel herumzappeln.

Akzeptiert das Pferd das Reitergewicht, kann man darangehen, seinen Vierbeiner zu besteigen. Damit der Sattel einerseits beim Aufsitzen nicht stark zur Seite rutscht, was dem Pferd unangenehm ist, andererseits man den Sattelgurt aber auch nicht fürchterlich stark anziehen muß, kann man sich von einem Helfer „aufheben" lassen, wie es bei Rennpferden üblich ist. Natürlich darf man dem Pferd dann nicht mit einem Ruck ins Kreuz fallen, sondern gleitet geschmeidig in den Sattel und nimmt die – hoffentlich ausgedrehten – Steigbügel, die natürlich schon die für den Reiter passende Länge haben, auf.

An den Kopf des Pferdes gehören das Snaffle-Bit mit Zügeln und zusätzlich ein Halfter mit Führstrick.

Das Halfter mit Strick dient zum Führen des Pferdes durch den Helfer. Hat das Pferd die stimmlichen Kommandos an der Longe gut gelernt, so wird es sie auch unter dem Reiter befolgen und man kann schon nach ein paar Runden auf den führenden Helfer verzichten. Trotzdem sollten Halfter und Führstrick nicht abgenommen werden.

Der Strick kann zusätzlich zum Zügel in die rechte Hand genommen werden. Das Pferd ist durch Longenarbeit und die Arbeit an der Hand mit dem Druck auf die Nase vertraut, wenn es langsamer werden oder stehenbleiben soll; macht es wider Erwarten doch mal einen Satz unter dem Reiter, kann der Führstrick als „Halteseil" dienen, ohne daß der Reiter das Maul hart anfassen muß.

Die ersten Runden unter dem Reiter erfolgen am besten in einer nicht zu großen Reitbahn, damit das Pferd gar nicht auf „dumme Ideen" kommt, z. B. dem Gewicht auf dem Rücken davonzurennen.

Auf den Helfer am Anfang soll man auf keinen Fall verzichten; versucht man das Aufsitzen nämlich allein, wird das Pferd meist versuchen, nach vorn wegzutreten — der Reiter kommt aus dem Gleichgewicht und stört das Pferd nun seinerseits, indem er ihm evtl. die Fußspitze in den Bauch drückt. Das Ergebnis ist ein Pferd, das sich von Anfang an angewöhnt hat, beim Aufsitzen des Reiters wegzulaufen, eine störende und unangenehme Unart, zu der man es gar nicht erst kommen lassen muß.

Entschließt man sich zur Methode des Aufsteigens mit hochgebundenem Hinterbein, braucht man den Helfer sowieso, um die Hinterbeinfessel zu lösen.

Ich beschreibe diese Phase des Anreitens deswegen so ausführlich, weil man mit sorgfältiger Longenarbeit und geduldigem Anreiten viele Schwierigkeiten in der späteren Ausbildung, die durch Verspannungen im Rücken aufgrund mangelnder Vorbereitung auf das Reitergewicht oder ein gleich zu Anfang verdorbenes Maul entstehen können, vermeidet.

Besonders bei der angestrebten Beschränkung auf minimale Hilfen, die für das Westernreiten typisch ist, muß darauf geachtet werden, daß das Pferd während sämtlicher Ausbildungsstufen locker im Rücken und empfindlich im Maul bleibt.

Hat das Pferd erst einmal schlechte Erfahrungen mit einem Reiter gemacht, der es im Rücken stört, wird es „lernen", sich festzumachen — der Reiter wird dann noch schlechter sitzen können..., ein Kreislauf, der dann meist nur noch durch einen besseren Reiter korrigiert werden kann.

Noch kritischer ist ein einmal hartmäulig gewordenes Pferd; hier wird man Schwierigkeiten haben, die ursprüngliche Empfindsamkeit wieder herzustellen. Es gibt allerdings auch einige Pferde, die schon von Natur aus weniger empfindlich im Maul sind als andere.

Selbst wenn sich das Pferd, bevor es zum ersten Mal einen Reiter trägt, an der Longe schon ruhig in allen drei Gangarten bewegen konnte, ohne auf einem engen Zirkel aus dem Takt zu kommen, darf man nicht glauben, das wäre nun unter dem Reiter auch kein Problem. Das zusätzliche Gewicht des Reiters zu dem dem Pferd schon vom Longieren bekannten Westernsattel beträgt immerhin 60 bis 80 kg; zählt man das Gewicht von Sattel und Reiter zusammen, kommt man je nach Statur und Größe des Pferdes immerhin auf 1/5 bis 1/4 seines eigenen Gewichtes. Um diese Zusatzbelastung einschätzen zu können, sollte sich ein Mensch von 70 kg einmal einen Rucksack von 18 kg aufsetzen und ausprobieren, wie lange er – untrainiert – mit diesem Gewicht einen leichten Dauerlauf durchhält und wie oft er dabei durch das relativ hohe Gewicht stolpert oder aus dem Gleichgewicht kommt.

Auch das Pferd hat Gleichgewichtsprobleme durch das Zusatzgewicht; also wird man es langsam daran gewöhnen. In den ersten paar Tagen sollte man hauptsächlich im Schritt – und nur etwa 10 - 15 Minuten – mit dem Pferd „arbeiten". Danach wird es müde und unaufmerksam. Hat man viel Zeit, kann man auch jeweils 10 Minuten morgens und 10 - 15 Minuten abends einplanen (evtl. einmal nur longieren). Durch die häufigere Wiederholung der Übungen wird das Pferd schneller und nachhaltiger lernen.

Die kurzen „Konzentrationszeiten" bei Pferden – vor allem bei jungen Pferden – sind recht einfach zu erklären:

Das Pferd ist durch seine auf die Umwelt fixierten Sinne einer Flut von Reizen ausgesetzt; die Möglichkeit, äußere Reize weitgehend auszuschalten und sich in eine innere „Gedankenwelt" zurückzuziehen oder alle Sinne auf eine Aufgabe zu konzentrieren, wie es der Mensch kann, hat es nicht.

Eine große Anzahl von Reizen durch Augen, Ohren und Nüstern müssen verarbeitet werden. Betrachtet man nur einmal die Augen des Pferdes, so stellt man fest, daß es viel mehr visuelle Informationen allein durch die seitlich am Kopf stehenden Augen und den damit – im Vergleich zum Menschen – viel weiteren Gesichtskreis zugetragen bekommt. Auch die Ohren – ein aufmerksamer Reiter wird es beobachten – sind ständig in Bewegung, werden nach vorn und hinten ausgerichtet, um sämtliche Geräusche in der Nähe zu registrieren und einzuordnen.

Das Pferd ist also nicht in der Lage, sich ausschließlich auf eine einzige Aufgabe, nämlich die, die der Reiter von ihm fordert, zu konzentrieren. Es ist immer gezwungen, die Reize aus der Umwelt mit zu verarbeiten. Somit kann es die *zusätzlichen* Informationen, die von den Hilfen des Reiters ausgehen, nur jeweils eine kurze Zeitspanne aufmerksam aufnehmen. Deshalb ist es wichtig, dem Pferd immer wieder kurze Entspannungspausen am hingegebenen Zügel zu gewähren, um es nicht nur körperlich, sondern auch psychologisch nicht zu überfordern.

Mit fortschreitender Ausbildung wird neben der körperlichen Kondition auch die geistige Aufnahmefähigkeit geschult; mit einem älteren Pferd wird man schließlich auch längere Zeit arbeiten können. Doch auch hier sind alle 10 - 15 Minuten Entspannungspausen am langen Zügel einzulegen.

Berücksichtigt man die oben aufgeführten Probleme des jungen Pferdes in körperlicher und geistiger Hinsicht, wird man sein Pferd so schnell nicht überfordern. Hat es eine Übung einmal gut ausgeführt und macht bei deren Wiederholung Schwierigkeiten, sollte man sich immer zuerst fragen, ob das Pferd vielleicht müde ist, bevor man es straft.

Grundausbildung
unter dem Reiter

So – nach diesen allgemeinen Ratschlägen kommen wir zu den praktischen Übungen, die das Pferd unter dem Reiter erlernen muß:

Nach den ersten paar Runden am Führzügel fängt man sofort an, die vom Pferd schon begriffenen verbalen Kommandos *Walk* und *Whoa* anzuwenden. Man wird das Pferd in der Reitbahn also einige Male aus dem Schritt mit dem Kommando *Whoa* anhalten. Reagiert es nicht gleich, zupft man leicht am Zügel – und zwar wirklich nur leicht zupfen und nicht reißen – und verlagert sein Gewicht leicht nach hinten. Normalerweise wird das Pferd versuchen, seinen Schwerpunkt unter den des Reiters zu bringen und wird also bei Verlagerung des Reitergewichts nach hinten seine Hinterhand stärker untersetzen. Es ist wichtig, daß sich das Pferd bei dem Kommando „*Whoa*" gar nicht erst angewöhnt, sich auf den Zügel zu legen (wenn der Reiter diesen zu lange annimmt oder versucht, das Pferd mit Ziehen am Zügel zum Stehen zu bringen) und damit die Vorhand beim Anhalten belastet. Es soll von Anfang an daran gewöhnt werden, die Hinterbeine beim Anhalten (später beim Stop) unterzusetzen. Deswegen setzt man auch den treibenden Schenkel zusätzlich zu den Gewichtshilfen ein. Er veranlaßt das Pferd, die Hinterhand vermehrt unterzuschieben. Das ist die Grundlage für den späteren „Stop", bei dem es sämtliches Gewicht und Tempo nur auf der Hinterhand abfängt.

Die Vorwärtstendenz des Pferdes, durch den vorwärtstreibenden Schenkel noch verstärkt, muß durch mehrmaliges Zupfen am Zügel und das energische Kommando „*Whoa*"

„neutralisiert" werden, so daß es lediglich mit Schulter und Hals vorne höher kommt, aber nicht nach vorne wegläuft. Im Grunde ist das nichts anderes als die „ganze Parade" in der englischen Reitweise: eine verhaltende Zügelhilfe bei treibenden Gewichts- und Schenkelhilfen. Nur werden beim Westernreiten die Hilfen ganz kurz gegeben und teilweise auch nur für den Fall, wenn das Pferd nicht auf das verbale Kommando in der gewünschten Weise reagiert.

Reagiert das Pferd ausnahmsweise weder auf „*Whoa*" noch auf das Zügelzupfen mit Stehenbleiben, lenkt man es einfach gegen den Zaun der Reitbahn. Dann muß es stehenbleiben, will es sich nicht die Nase einrennen.

Will man aus dem Stand anreiten, sagt man „*Walk*" und verlegt das Gewicht etwas nach vorne. Gleichzeitig treibt man mit den Schenkeln vorwärts. Manche Pferde wissen am Anfang mit den treibenden Schenkelhilfen noch nichts rechtes anzufangen. Doch sie kennen das Kommando „*Walk*" und versuchen, ihren Schwerpunkt wieder unter den des Reiters zu bringen, lehnt der sich im Sattel vor. Bald werden sie auch den treibenden Schenkel mit dem Vorwärtsgehen in Verbindung bringen. Will das Pferd partout nicht antreten, sondern bleibt bockbeinig mit dem Reiter stehen, bittet man den Helfer, es leicht mit einer Gerte von hinten anzutippen oder anzuführen.

Auch die Wendungen werden mit Hilfe der Verlagerung des Reitergewichtes eingeleitet.

Will man das Pferd nach rechts wenden, so zupft man am rechten Zügel, legt den linken Zügel an den Hals des Pferdes an und verlagert sein Gewicht nach rechts. Gewicht nach rechts bedeutet, den rechten Gesäßknochen stärker zu belasten, nicht etwa in der Hüfte einzuknicken und nur die Schulter nach rechts zu „hängen". Mit letzterem wird nämlich genau die gegenteilige Wirkung erreicht: das Gewicht kommt nach links.

Beim jungen Pferd werden sämtliche Hilfen überdeutlich gegeben. Erst später verringert man die „Sichtbarkeit" der Hilfengebung bis sie von einem Beobachter kaum noch wahrgenommen werden können. Theoretisch sollte das Pferd allein auf die Gewichtsverlagerung schon in die gewünschte Richtung wenden, um sein Gleichgewicht zu erhalten; es wird ihm auf jeden Fall unangenehm sein, wenn das Gewicht des Reiters nach rechts zieht.

Beim Thema „Gewichtsverlagerung zur Seite" hilft dem Reiter ein Beispiel, das er wieder an sich selbst ausprobieren kann, zum Verständnis: Trägt man eine schwere Last auf dem Rücken, die seitlich weit ausragt und diese ist auf der rechten Seite schwerer als auf der linken, so versucht man seinen eigenen Schwerpunkt unter den der Last zu bringen, wird diese also nicht in der Mitte, sondern versetzt nach rechts (im Drehpunkt) aufnehmen.

Zusätzlich zur Gewichtsverlagerung kommt schließlich der Schenkeldruck: bei der beschriebenen Rechtswendung liegt der rechte Schenkel an, um das Pferd zu biegen; der linke treibt außen, um zu verhindern, daß die Hinterhand nach außen „wegschleudert". Hier gibt es eigentlich keinen Unterschied zur engl. Reitweise. Nur wird weder Schenkeldruck noch Zügelhilfe konstant eingesetzt. Folgt das Pferd den Impulsen, wird sofort der Zügel locker gelassen, so daß — gleichsam als Belohnung — keinerlei Druck mehr im Maul ausgeübt wird. Auch der Schenkel wird nur solange eingesetzt, wie es nötig ist — ansonsten liegt er passiv, ohne das Pferd unterhalb des Knies zu berühren. Manche Trainer verzichten auch weitgehend auf den inneren Schenkel und treiben das Pferd hauptsächlich mit dem äußeren in die Wendung.

Volte rechts im Trab — weit herausgeführte innere Hand — äußerer Zügel am Hals anliegend; Gewicht der Reiterin rechts

Volte rechts im Galopp; Gewicht der Reiterin rechts

Die Westernreitweise beruht ja — wie schon erwähnt — auf der minimalen Hilfengebung, d. h. ein kurzer Impuls muß schließlich für eine ganze Lektion „ausreichen". Anfangs wird man mehrere Zügel„impulse" kurz hintereinander geben müssen, damit das Pferd den Kopf in der Wendung behält und nicht in Außenstellung geht (Pull and Slack-Methode). Eine durchhaltende Zügelhilfe sollte vermieden werden, damit das Pferd keine Gelegenheit bekommt, sich auf den Zügel zu legen. Außerdem empfindet es einen kurzen, sich wiederholenden Ruck am Zügel stärker als einen sich langsam aufbauenden konstanten Druck auf die Laden.

Die hier beschriebenen Hilfen sollen im Schritt — und nur im Schritt — erst einmal solange geübt werden, bis sie sitzen, d. h. bis das Pferd willig jedem „*Whoa*", jeder Gewichtsverlagerung, jedem Zügelzupfen folgt. Aber aufpassen: nie die einzelnen Übungen zu oft hintereinander wiederholen, wenn das Pferd sie gut ausgeführt hat; es verliert sonst schnell das Interesse und paßt nicht mehr auf. Um das Pferd aufmerksam zu halten, kann man ruhig in dieser ersten „Schrittphase" mal eine oder mehrere Stangen querlegen und es darübertreten lassen. Funktioniert alles zur Zufriedenheit, kann man antraben. Mit dem Kommando *Trot* oder *Jog*, welches das Pferd ja auch von der Longenarbeit her kennt, verlagert man sein Gewicht im Schritt nach vorn und treibt dabei mit beiden Schenkeln. Die Zügel bleiben auch im Jog lose. Um den Rücken des Pferdes etwas zu entlasten, trabt man anfangs leicht (ja — auch im Westernsattel kann man leichttraben) oder nimmt zumindest möglichst viel Gewicht aus dem Sattel, indem man in der Hüfte leicht nach vorn abknickt. Den Trab reitet man anfangs so, wie ihn das Pferd von sich aus — taktmäßig — anbietet. Fängt es an zu rennen, kommt also aus dem Takt, wird man es durch einen kurzen Impuls am Zügel und durch Zurücknehmen des Gewichts zum Langsamerwerden auffordern. Gerade in den ersten Wochen der Ausbildung unter dem Reiter ist es wichtig, dem Pferd ein ruhiges, gleichmäßiges Tempo anzugewöhnen. Es wird schnell begreifen, daß es sich nur Unannehmlichkeiten einhandelt, wenn es vorwärtsstürmt: in Form von Störungen durch kurze einseitige Pulls am Zügel und ein Belasten des Rückens. Auch das dem engl. Reiter bekannte Gegensitzen durch Anspannen des Kreuzes ist sinnvoll.

leichter Sitz im Trab
hier ein Trainingsgebiß mit Doppelzügel

Drückt das Pferd den Rücken weg – was besonders bei Pferden mit längerem Rücken oder ungünstig angesetztem Hals vorkommt – muß man das Pferd erst einmal „rund" reiten, d. h. es dazu veranlassen, sich im Rücken loszulassen, zu

Trab im leichten Sitz am losen Zügel

Rechtsgalopp am losen Zügel

entspannen. Dazu treibt man mit Kreuz und Schenkel, wie auch in der engl. Reitweise gegen die Hand, läßt aber die Zügel sofort wieder ganz locker, wenn das Pferd im Genick nachgibt. Es wird bald merken, wann der Zügel als Belohnung losgelassen wird und was es dafür zu tun hat. Allerdings ist die extreme Beizäumung, das harte „an den Zügel stellen" des Pferdes wie in der engl. Reitweise leider oft zu sehen, beim Westernreiten nicht gefragt. Eine natürliche Selbsthaltung des Pferdes genügt, solange es im Rücken locker bleibt.

Bei Pferden, die besondere Schwierigkeiten haben (z. B. einen ausgeprägten Hirschhals mit falscher Muskelbildung) sollte man die Longenarbeit fortführen und das Pferd dabei mit einem Trainingsausbinder ausbinden, um die nötigen Oberhalsmuskeln zu entwickeln. Man kann es auch mit einem solchen nicht zu eng geschnallten Ausbinder reiten.

Vom Trab zum Schritt wird das Pferd mit dem Kommando „Walk", einem kurzen Pull am Zügel und dem obligatorischen Zurücknehmen des Gewichts „durchpariert". Wie bei jeder Parade wird der Schenkel eingesetzt, wenn die Hinterhand nicht genügend untertritt. Reagiert das Pferd nicht auf ein Kommando zum Langsamerwerden bzw. zum Schritt, läßt man sich nicht auf einen Kampf mit dem Pferd, verbunden mit viel „Gezerre" im Maul ankommen, sondern läßt das Tier wieder gegen den Zaum laufen. Es wird dann von selbst merken, daß es besser auf die Hilfen des Reiters achtet und sie auch befolgt.

Trabt das Pferd geradeaus und in größeren Wendungen ruhig und gleichmäßig am losen Zügel, kann man es eine Weile im Gelände im Schritt und Trab bewegen. Den Trab sollte man nicht jetzt schon mit aller Gewalt abkürzen wollen. Es genügt vollkommen, wenn das Pferd gut zu sitzen ist und taktmäßig geht. Das ganz langsame „Pleasure-Tempo" entwickelt man erst später.

Trab – hier wird der innere Zügel gerade für eine kurze Parade angenommen

Trab am losen Zügel – im Idealfall trägt das Pferd den Kopf noch tiefer

Rechtsgalopp am losen Zügel in guter Selbsthaltung des Pferdes

Korrekter Sitz

Nach 2 - 4 Wochen, die man bis dahin mit seinem Pferd in der Bahn gearbeitet hat, wird ein bißchen frischer Wind um die Nase im Gelände eine willkommene Abwechslung für das Pferd sein. Das Gelernte und der Gehorsam können nun im Gelände gefestigt werden. Am besten nimmt man dafür einen Reiter mit ruhigem Begleitpferd mit.

Keinesfalls darf zu diesem Zeitpunkt etwas draußen geübt werden, was das Pferd nicht schon in der Bahn begriffen hat; d. h. man galoppiert auch noch nicht!

Mit der Galopparbeit beginnt man wieder in der Bahn – erst dann, wenn das Pferd im Trab keinerlei Balanceschwierigkeiten mehr hat, d. h. es kann auch etwas engere Wendungen in richtiger Stellung und Biegung ausführen, kann evtl. auch aus dem Trab schon anhalten oder aus dem Halten wieder antraben etc. Halten aus dem Trab und Antraben aus dem Stand erfolgen grundsätzlich mit den gleichen Hilfen wie bei den entsprechenden Übungen aus dem Schritt.

Es gibt natürlich viele Trainer, die das Pferd auch schon früher galoppieren lassen. Für den Freizeitreiter, der ja verständlicherweise weniger Routine besitzt als ein professioneller Trainer, ist es aber viel einfacher zu warten, bis das Pferd im Trab unter dem Reiter im Gleichgewicht ist. Es hat sich dann doch schon soweit mit dem Reitergewicht arrangiert, daß es vermutlich im Galopp nicht mehr davonstürmt, um seine Balance zu erhalten.

Bedenkt man, daß der Galopp eine sprunghafte Bewegung ist, bei der sich das Pferd in der Schwebephase mit allen 4 Beinen in der Luft befindet, kann man sich sicher leicht vorstellen, daß es mit dem zusätzlichen Reitergewicht Probleme bekommt, wenn es nicht schon relativ gut ausbalanciert ist. Durch schnelleres Auffußen versucht es dann möglichst schnell wieder alle seine Füße auf den Boden zu bekommen, wird also immer schneller werden, was in der relativ engen Reitbahn oft zu einem Ausrutschen in den Ecken führt. Dieses Vorwärtsrennen ist natürlich auch für den Reiter unangenehm, vor allem, weil das Pferd sich im allgemeinen dabei verspannt, der Reiter also schlecht sitzen kann.

Wendungen mit korrekt außen anliegendem Zügel und richtig gestelltem Pferd

Galopp im leichten Sitz mit gut untergesetzter
Hinterhand am losen Zügel

ausgesessener Galopp

Das alles vermeidet man, wenn man das Pferd im Trab schon genügend gymnastiziert hat.

Den Galopp entwickelt man am besten aus dem ruhigen Trab. Es gibt zwei verschiedene Möglichkeiten, die Galopphilfen zu geben. Die erste ist auch in der engl. Reitweise üblich: Man stellt das Pferd nach innen, sitzt nach innen, übt mit dem inneren Schenkel Druck aus, der äußere liegt etwas weiter hinten. Gleichzeitig mit dem Schenkeldruck geht die innere Hand vor, um die innere Schulter bzw. das innere Vorderbein des Pferdes nicht am Vorspringen zu hindern.

Viele Westerntrainer bevorzugen allerdings die „diagonale" Hilfengebung. Das Pferd wird nach außen gestellt, damit es die innere Schulter zum Vorspringen freibekommt. Der äußere Schenkel übt vermehrten Druck aus – das Pferd weicht dem Druck außen durch Vorspringen innen aus; auch hier wird natürlich mit der inneren Hand nachgegeben.

Zum Linksgalopp führen demnach folgende Hilfen:

1. (engl.) Methode: Gewicht nach links, Schenkeldruck vermehrt links; das Pferd ist nach links gestellt, der Reiter gibt links nach, um das Pferd nicht mit der Hand zu stören.

2. Methode (diagonale Hilfengebung): der Reiter treibt mit dem rechten Schenkel – das Pferd weicht nach links aus; das Pferd wird nach rechts (nach außen) gestellt – dadurch bekommt es die linke Schulter frei; das Gewicht des Reiters wird nach rechts verlagert. Auch hier gibt die linke Hand nach.

Diese 2. Methode halte ich persönlich für einfacher und natürlicher, obwohl ich es selbst nach der 1. gelernt habe, da ich aus der Dressurreiterei komme.

Zusätzlich zu den Hilfen kommt nun wieder das vom Longieren bekannte Kommando „Lope". Will das Pferd nicht

anspringen und fängt an, im Trab zu rennen, pariert man es
erst wieder zum langsamen Trab und unterstützt beim nächsten Versuch die Hilfen durch ein Anticken mit der Gerte.
Das Pferd soll gleich zu Anfang lernen, auf die Galopphilfe
anzuspringen und nicht in den Galopp hineinzulaufen.
Auch darf man keinen „falschen" Galopp tolerieren; dazu
muß der Reiter natürlich in der Lage sein, einen Außengalopp sofort zu erfühlen und dementsprechend das Pferd
sofort korrigieren zu können. Läßt man das Pferd erst eine
ganze Runde im Außengalopp laufen, bevor man es bemerkt,
weiß das Pferd bei einer Korrektur gar nicht mehr, warum es
korrigiert wird.

Welche Art der Hilfengebung zum Angaloppieren der Reiter wählt, ist ihm überlassen. Nur muß er die einmal gewählte
Art der Hilfen konsequent beibehalten, um das Pferd, das ja
nur durch Wiederholung immer der gleichen Hilfen deren
Bedeutung erlernen kann, nicht zu verunsichern.

Galopp links in freier Selbsthaltung

ruhiger gleichmäßiger Trab – für den Reiter ideal auszusitzen

Galopp rechts in freier Selbsthaltung

Einem Reiter, der die engl. Methode gelernt hat, würde ich empfehlen, sie auch weiterhin – vor allem bei einem jungen Pferd, beizubehalten, um nicht durch Zufall – aus Konzentrationsmangel etc. – wieder in die alte Gewohnheit zurückzufallen und das Pferd mit verschiedenen Hilfengebungen zu verwirren.

Galoppiert das Pferd auf der richtigen Hand, läßt man es am losen Zügel einige Runden gehen; nur wenn es allzu schnell werden will, gibt man ein paar kurze – einseitige – Anschläge am Zügel.

Trotz den noch unregelmäßigen Bewegungen des jungen Pferdes, sollte man möglichst entspannt zu sitzen versuchen, denn verkrampft sich der Reiter weil er schlecht sitzen kann, wird das Pferd nur umso steifer galoppieren, da es durch den Reiter gestört wird.

Ob das Pferd, wie in der englischen Reitweise, „ausgesessen" wird, d. h. das volle Reitergewicht in den Sattel kommt, oder ob der Reiter, wie es später in der Westernreitweise anzustreben ist, etwas mehr auf den Oberschenkeln sitzt und lokker mitschwingt, d. h. weniger Gewicht in den Sattel bringt, kommt darauf an, was bei dem jeweiligen Pferd besser funktioniert. Bei einem faulen Pferd wird man eher aussitzen, um besser mit Kreuz und Schenkeln treiben zu können, bei einem nervösen, hektischen Pferd eher passiv mitschwingen. Merkt man, daß das Pferd im Galopp müde wird – das wird es normalerweise anfangs schon nach ein paar Runden – und in den Trab ausfallen will, nutzt man diese Chance und gibt das Kommando zu Trab, d. h. ein verbales „Jog", ein Zurücknehmen des Gewichts, einen kurzen Pull am Zügel (am besten außen). Fällt das Pferd dabei auf die Vorhand, treibt man mit Kreuz und Schenkel, um die Hinterhand zu aktivieren. Dieses Treiben kann im Gegensatz zur engl. Reitweise, wo immer bei einer Parade getrieben wird, dann unterbleiben, wenn das Pferd von selbst untertritt.

Diese erste Parade zum Trab wird natürlich noch recht holperig ausfallen und der Reiter muß sich schon recht gut „zusammennehmen", um das Pferd weder mit der Hand noch im Rücken zu stören. Meist fällt das Pferd aus dem Galopp in einen schnellen, nicht taktmäßigen „Metzgertrab", den der Reiter möglichst sofort korrigieren, d. h. verlangsamen soll, um den Takt wiederherzustellen.

Auch bei diesen Paraden sollte immer darauf geachtet werden, daß die Zügel nicht längere Zeit anstehen und daß das Signal zum Langsamerwerden immer nur durch einseitigen Pull am Zügel gegeben wird. Das Pferd soll lernen, auf minimale Zügelhilfen zu reagieren. „Zieht" der Reiter an beiden Zügeln, kann sich das Pferd eher aufs Gebiß legen, oder – bei falschem, längerdauerndem Zug – sich auch festbeißen.

So – nun kann man das Pferd in sämtlichen Grundgangarten arbeiten. Wenn das Pferd ruhig in der Bahn galoppiert und sich problemlos in den Trab durchparieren läßt, kann man hinter einem braven Führpferd auch einmal im Gelände galoppieren. Überhaupt sollte man zwischen den Trainingsphasen in der Bahn oft ins Gelände reiten: Schritt am hingegebenen Zügel, ruhiger Trab und ab und zu ein **ruhiger** Galopp, Paraden aus Schritt und Trab zum Halten, um den Gehorsam auch im Gelände zu fördern, Reiten im Schritt über natürliche Hindernisse wie Brücken, Bäche, umgefallene dünne Bäume etc. Dabei ist es unbedingt zu vermeiden, das Pferd im Galopp rennen zu lassen oder gar Wettrennen zu veranstalten. Schließlich will der Westernreiter ja später ein ruhiges, leichtrittiges Pferd haben und keinen vielleicht nach einigen „Rennen" kaum noch kontrollierbaren „Spinner".

Man sucht sich also seine Mitreiter dementsprechend aus; mit einem undisziplinierten Reiter würde ich persönlich nicht zusammen ins Gelände reiten, schon gar nicht, wenn ich selbst ein junges Pferd reite. Auch in größeren Gruppen sollte nicht zu schnell geritten werden. Schnell reiten kann jeder, nur das Langsamreiten ist eine Kunst!

Bei den Geländeritten wird man öfters auch versuchen, das junge Pferd ein Stück von dem Begleitpferd wegzureiten oder umgekehrt, damit sich der Schüler gar nicht erst das Kleben angewöhnt. Benimmt sich das junge Pferd gut im Gelände, übt man das Alleinereiten auch ohne Führpferd.

Die immer wieder einzuschiebende Arbeit in der Bahn sollte auch nach einem halben Jahr Arbeit mit dem Jungpferd 20 bis 30 Minuten noch nicht übersteigen. Man wird daran arbeiten, immer kleinere, engere Wendungen mit korrekt gebogenem und gestelltem Pferd zu reiten (schließlich auch im Galopp), Paraden zum Halten mit untergesetzter Hinterhand zu üben und ruhig zur Abwechslung schon ein paar einfache Trailhindernisse aufzubauen. Dazu kommt das Rückwärtsrichten unter dem Reiter, das das Pferd ja an der Hand schon weitgehend gelernt haben sollte. Wann er mit dem Rückwärtsrichten anfangen will, ist jedem Reiter selbst überlassen. Er kann es schon in den ersten paar Wochen in die Übungen im Schritt und Trab aufnehmen, kann aber auch vorläufig an der Hand weiterarbeiten und mit dem Rückwärtsrichten unter dem Reiter warten, bis die Hinterhand schon etwas mehr gekräftigt ist.

Mit dem Kommando „Back" (dem Pferd schon bekannt) nimmt der Reiter nun kurz beide Zügel an. Dabei bleibt er mit seinem Gewicht voll im Sattel sitzen, denn das Pferd soll ja nicht nach vorn treten (dazu würde der Reiter sein Gewicht leicht nach vorn nehmen), sondern mit gesenkter Hinterhand rückwärts treten. Reagiert das Pferd nicht auf den einmaligen Zügelanzug, kann man es durch mehrmaliges Annehmen und Nachgeben des Zügels und dem wiederholten Kommando „Back" sicherlich zu einem Tritt rückwärts veranlassen. Dafür wird es sofort ausgiebig gelobt, damit es weiß, daß es richtig reagiert hat. Bei einigen Pferden reichen für den ersten Versuch schon 2-3 zögernde Tritte. Am nächsten Tag kann man dann weitermachen. Viele Pferde gehen sehr ungern zurück. Bedenkt man, daß sie ja nicht direkt hinter sich sehen können, kann man sich vielleicht vorstellen, daß es schon ein gewisses Maß an Vertrauen zum Reiter erfordert, wenn ein Pferd willig und gerade zurücktritt (auf das gerade Rückwärtstreten ist zu achten; tritt das Pferd seitlich weg, korrigiert man durch Schenkeldruck auf der Seite, nach der es ausweicht).

Hebt das Pferd die Vorderbeine nicht und schlurft beim Zurücktreten, kann ein Helfer es an Fesseln oder Schulter mit der Gerte antippen oder auch mal vor seine Nase auf- und abwedeln, um es zum Heben des Kopfes und damit auch der Schulter zu veranlassen.

Besonderes Augenmerk ist darauf zu richten, daß das Pferd nicht einseitig ausgebildet wird. Es hat nämlich von Natur aus eine „weichere" Seite, bedingt durch die natürliche Schiefe, vergleichbar unserer Rechts- bzw. Linkshändigkeit. So gehen die meisten Pferde auf der linken Hand besser.

Viele Reiter neigen nun dazu, das Pferd auf dieser guten Seite vermehrt zu arbeiten, weil es einfacher ist. Genau das Gegenteil ist jedoch nötig: das Pferd muß 2/3 der Zeit auf der steiferen Seite gearbeitet werden, d. h. hauptsächlich gebogen werden, das restliche Drittel auf der „guten" Seite.

Ziel ist ein beidseitig gleich „weiches" Pferd.

Auch muß man darauf achten, daß das Pferd nicht auf der Geraden „schief" geht, also mit der Hinterhand nicht in die Spur der Vorderbeine tritt. Weicht die Hinderhand z. B. nach rechts von der Spur der Vorhand ab, so muß der Reiter mit dem rechten Schenkel treiben, um die Hinterhand seitwärts in die Spur der Vorderbeine zu drücken (Geraderichten).

Eine gute Übung, um die Hinterhand mit dem Schenkel zu kontrollieren, ist das Seitwärtstreten (Schenkelweichen). Nicht nur für die Gymnastizierung ist das Seitwärtstreten wichtig, sondern auch für viele Trailhindernisse, für die es sogar Grundvoraussetzung ist. Um dem Pferd das Schenkelweichen ohne viel Handeinwirkung beizubringen, reitet man es am besten schräg vor die Reitbahnumzäunung, stellt es dabei nach außen, verlagert das Gewicht nach außen und treibt mit dem äußeren Schenkel hinter dem Gurt (wie in der engl. Reitweise). Das bedeutet für das Schenkelweichen nach links: das Pferd ist nach rechts gestellt, der Reiter sitzt vermehrt rechts und der rechte Schenkel treibt; der rechte Zügel wird nur dann angenommen, wenn das Pferd die Rechtsstellung aufgeben will.

Nach vorne kann das Pferd durch den begrenzenden Zaun nicht weg; also wird es, um dem treibenden Schenkel auszuweichen, seitwärts wegtreten. Reagiert es nicht genügend auf den Schenkel, kann man mit Sporen oder Gerte nachhelfen. Einem kontinuierlichen Druck mit dem Schenkel ist abwechselndes Drücken und Lockerlassen vorzuziehen, weil damit jeweils bei jedem Tritt des Pferdes zur Seite ein neuer Impuls die Aufmerksamkeit weckt.

Der Druck sollte stets dann eingesetzt werden, wenn das Hinterbein, was seitwärts übertreten soll, angehoben wird; damit kann man es zum weiten Übertreten über das andere Hinterbein veranlassen.

Funktioniert das Seitwärtstreten im Schritt, kann man es auch im Trab versuchen. Allerdings sollte dabei das Pferd nicht mehr zum Zaun gestellt werden müssen, sondern schon sicher auf die Hilfen seitwärts treten.

Bei den meisten Übungen in dieser Phase besteht eigentlich kein wesentlicher Unterschied zu der Hilfengebung der englischen Reitweise. Es wird beidhändig geritten und der „direkte" Zügel gebraucht; es wird also in der Richtung, in die das Pferd den Kopf nehmen soll, ein kurzer Pull am Zügel gegeben. Die Zügelführung des Reiters ist allerdings wesentlich breiter als beim engl. Reitstil, wo die Zügelfäuste nur eine Handbreit auseinander stehen sollten. Der Westernreiter faßt die Zügel eher wie einen Fahrradlenker an – die Zügelfäuste stehen sehr weit auseinander: die innere Hand wird weit herausgeführt, um dem Pferdekopf „den Weg zu zeigen", die äußere Hand wird über den Nacken des Pferdes herübergeführt, um den äußeren Zügel an den Hals anzulegen. Allerdings wird kein Zug am äußeren Zügel ausgeübt – er liegt nur lose am Hals an.

Das Pferd soll die beiden Impulse „seitwärtsführender innerer Zügel" und „anliegender äußerer Zügel" deutlich miteinander in Verbindung bringen, denn später beim Neck-Reining soll es ja nur noch auf den angelegten äußeren Zügel reagieren und die gewünschte Wendung ohne Zug am inneren Zügel ausführen. Aber soweit sind wir ja noch lange nicht.

Die beschriebenen Übungen Rückwärtsrichten, Seitwärtstreten, eine Vorhandwendung, Paraden zum Halten aus Schritt und Trab sowie einfache Galoppwechsel sollte das Pferd innerhalb der ersten 6 – 12 Monate beherrschen, je nachdem, wie oft der Reiter Zeit hat, mit dem Tier zu üben. Vergleicht man dieses Ausbildungsstadium mit der engl. Reitweise, entspricht es etwa den Anforderungen einer E-

oder leichten A-Dressur. Allerdings wird beim Westernreiten nicht soviel Wert auf das extreme „an den Zügel stellen" des Pferdes gelegt, wie es die englischen Reiter tun. Hauptsache ist ein im Rücken lockeres, gehorsames Pferd; wo es seine Nase trägt, ist nicht so wichtig, solange es den Rücken nicht wegdrückt.

Man wird zwar auch das Westernpferd im Laufe der weiteren Ausbildung mehr „versammeln". Die extreme Aufrichtung eines in höheren Klassen vorgestellten engl. Dressurpferdes wird allerdings nicht verlangt.

Das Doubling

Nimmt ein Pferd im Trab oder Galopp eine Hilfe zum Langsamerwerden nicht an, obwohl es dies schon gelernt hat, muß man ihm Respekt vor dem Wunsch des Reiters beibringen, indem man es vom Sattel aus doubelt. In der Bahn kann man zwar sein Pferd auch zum Langsamerwerden bringen, indem man es mit Anschlägen am inneren Zügel auf einen immer kleineren Kreis abwendet oder es gegen den Zaun laufen läßt; im Gelände dagegen hat man die Möglichkeit dazu kaum; also wird auch der Double in der Bahn „geübt". Für das Doubling läßt man die Zügel anfangs ganz locker, paßt im Galopp (aus dem Trab ist es egal) den Moment ab, in dem sich das Pferd gerade in der Schwebephase befindet und gibt in diesem Augenblick einen einseitigen, sehr starken Anschlag auf den Zügel; die Hand des Reiters wird dabei weit zur Seite herausgeführt. Der Pull am Zügel muß so stark sein, daß der Kopf des Pferdes herumgerissen wird; da es keinen Fuß auf der Erde hat, wird das Tier nun aus dem Gleichgewicht kom-

korrekter Double mit tiefer Hand, die zur Seite und nach hinten wirkt

Wendung nach links mit höherer Hand, die nur seitlich wirkt

men. Das Doubling kann – zumindest im Galopp – nur in der Schwebephase erfolgreich sein.

In der Bahn führt man einen Double am besten zur Umzäunung hin aus, damit das Pferd gleich schräg vor einem Hindernis steht, nachdem es gedoubelt worden ist.

Muß man ein stures Pferd oft doubeln, sollte man darauf achten, den Double nicht immer zur gleichen Seite auszuführen; das Pferd kann sich sonst durch Steifmachen in Hals und Genick auf den Double vorbereiten und ihn so vereiteln. Auch darf der Reiter dem Pferd nicht im voraus „verraten" – durch irgendwelche, teils unbewußten Signale oder ein deutliches Verkürzen eines Zügels etc. – was er vorhat; auch dann wird sich ein intelligentes Pferd „vorbereiten".

Ging ein Doubling-Versuch fehl, benutzt man Draw-Reins (Schlaufzügel) beim Doubeln, um genügend Kraft zu haben.

Verwendet man ein Bosal, kann man rechts und links an den Schenkeln jeweils einen Metallring befestigen, durch den die Draw-Reins gezogen werden. Zusätzlich wird ein Fiadore gebraucht.

Trailhindernisse und Trailtraining

Abschließend zu dem Kapitel über die Grundausbildung will ich noch einige gebräuchliche Trailhindernisse beschreiben, die man mit dem Pferd zwischendurch zur Auflockerung in der Bahn, teilweise auch im Wald, trainieren kann. Solche Übungen machen die oft langweilige Wiederholungsarbeit der Gymnastizierung für Pferd und Reiter etwas interessanter und halten das Pferd aufmerksam. Außerdem sieht das Tier meist eher einen Sinn darin, über ein Hindernis seitwärts zu treten als ohne Grund das Schenkelweichen auszuführen. Auch Pferde, die nur schleppend rückwärtstreten wollen, führen diese Übung in Verbindung mit einer Aufgabe, einem Trailhindernis, besser aus.

Für den Turnierinteressierten gibt es die drei vorgeschriebenen Pflichthindernisse Tor, Brücke und das Überwinden von 4 Stangen im Schritt oder Trab. Daneben gibt es eine ganze Menge gerne gewählter Hindernisse, wie Wippe, Seitwärtstreten über verschiedene Stangen„figuren", Rückwärtsrichten durch eine L-Form oder in Schlangenlinien um Markierungen; dem Einfallsreichtum von Richter bzw. Reiter sind kaum Grenzen gesetzt. Auch ein niedriger Sprung (bis 40 cm) kann manchmal in einem Trailparcours auftauchen.

Das Training von Trailhindernissen ist vor allem eine Geduldsfrage. Es dauert lange, bis das Pferd auf die leisesten Hilfen geht und setzt bei vielen Trailhindernissen vollkommene Kontrolle des Reiters über Vor- und Hinterhand voraus. Bei jedem Hindernis muß sich der Reiter vorher genau überlegen, wie er es anreitet und welche Hilfen dazu nötig sind. Anfangs wird das Pferd oft hektisch, wenn es auf eine Stange tritt oder z. B. gegen das Tor stößt. Dann läßt man es mit einem „Whoa" erst einmal ein paar Minuten ruhig inmitten des Hindernisses stehen und sich beruhigen, um dann dort weiter zu machen, wo man aufgehört hat.

Einige Trailhindernisse im einzelnen:

1. Das Tor: sollte ohne es loszulassen geöffnet, durchritten und wieder geschlossen werden.

Ich habe schon beobachtet, daß Reiter, die mit ihrem Pferd das Tor erstmalig anreiten, selbst nicht so genau wissen, wie sie am besten durchreiten. Diese Unsicherheit überträgt sich natürlich aufs Pferd, da der Reiter die Hilfen nicht korrekt geben kann. Also: vorher genau überlegen, wie man durchreiten will; am besten bei einem anderen Reiter zugucken, wie er das Tor anreitet.

Das Tor ist eine gute Übung um zu sehen, wie weit das Pferd auch mit der noch beidhändigen Zügelführung schon gelernt hat, auf den äußeren Zügel zu reagieren und wie gut es schon auf den Schenkeldruck „anspricht".

Fangen wir einmal mit der einfachsten Methode, durchs Tor zu reiten, an – nämlich vorwärts. Der Reiter stellt das Pferd seitlich neben das Tor, so daß er mit der rechten Hand das Tor öffnen kann; die Zügel befinden sich in der linken Hand, das Pferd steht mit dem Kopf in Richtung des Torriegels. Man öffnet den Riegel und stößt das Tor von sich weg, so daß man bequem mit dem Pferd vorwärts durchreiten kann. Ist das Tor weit genug offen, bzw. das Pferd weit genug durchgelaufen, daß es nicht mehr – bei einer Vorhandwendung – mit der Hinterhand am Torpfosten anstoßen kann, treibt der Reiter die Hinterhand des Pferdes um die Vorhand herum, bis es auf der anderen Seite des Tores in entgegengesetzter Richtung steht. Durch Seitwärtstreiben des Pferdes kann er nun das Tor wieder schließen.

Schwierigkeiten gibt es anfangs eigentlich immer, weil das Pferd noch nicht weiß, worauf es ankommt und oft anfängt, nervös herumzuzappeln, wenn es – meist mit der Hinterhand – irgendwo anstößt. Dann läßt man das Tor erst einmal los und das Pferd ruhig stehen. Hat es sich beruhigt, beginnt man von vorn oder macht da weiter, wo man aufgehört hat; ein Helfer, der dem Reiter das Tor wieder in die Hand gibt, wenn er loslassen mußte, ist dabei von Vorteil.

Viele Pferde sehen auch einfach nicht ein, seitwärts gegen ein Hindernis getrieben zu werden, denn sie sehen das Tor ja als feste Begrenzung; man muß ihnen evtl. durch anfängliches Wegstoßen des Tores (mit Loslassen) zeigen, daß diese „Begrenzung" nachgibt. Es ist am Anfang immer besser, das Tor loszulassen, wenn das Pferd unruhig wird oder wegdrängelt, statt es krampfhaft festhalten zu wollen und sich dabei halb aus dem Sattel ziehen zu lassen. Klappt die Übung vorwärts, kann man es dann auch rückwärts probieren. Auf dem Turnier kann beides gefordert werden!

Variante des Durchreitens vorwärts

Anreiten des Tores öffnen mit der rechten Hand (– linkshändige Zügelführung)

Durchreiten des Tores nur mit Halsring; Pferd geht sicher auf Anlegen des Halsringes an den Hals und Gewichts- u. Schenkelhilfen des Reiters

Tor vorwärts u. seitwärts um den Tor-Riegel herum

Durchreiten

parallel zum Tor rückwärts richten

Halten und Schließen des Tores

2. Die Wippe: ist eigentlich kein schweres Hindernis, wenn das Pferd einmal begriffen hat, daß ihm nichts passiert, wenn sie kippt. Das erste Mal gehen die meisten Pferde, die z. B. schon problemlos über eine Brücke gehen, auch über die Wippe. Wenn diese dann kippt, werden sie einen erschreckten Satz vorwärts machen, auf den sich der Reiter besser gefaßt macht. Beim zweiten Versuch will das Pferd, durch das Kippen verunsichert, nicht mehr so gerne drübergehen. Hat man ein Führpferd, welches ihm zeigt, daß „nichts dabei ist", läuft es evtl. hinterher. Der Reiter kann auch versuchen, es darüber zu führen, muß dabei aber aufpassen, daß das Pferd ihm nicht auf die Füße springt. Viele Pferde, die genügend Vertrauen zum Reiter haben, werden diesem hinterherlaufen. Auch langes Stehenlassen im vorderen Drittel des Wippe, welches noch nicht kippt und vorsichtigem Treiben zu „noch einem Schrittchen" kann helfen.

Klappt die Übung perfekt, kann man auch das Pferd mal richtig zum Schaukeln auf der Wippe veranlassen, indem man es jeweils einen oder zwei Schritte über die „Kippschwelle" treibt, es dann anhält und wieder ein bis zwei Tritte rückwärtsrichtet, bis die Wippe wieder in die andere Richtung kippt. Diese Spielereien dürfen aber nur geübt werden, wenn das Pferd schon vollkommen sicher und gelassen über die Wippe geht und wenn es das Rückwärtsrichten gut beherrscht.

3. Über Stangen treten lassen / Cavalettiarbeit: ist eine gute Übung, wenn das Pferd die Füße nicht hebt. Auch bei unaufmerksamen Tieren, die laufend „in der Luft 'rumgukken", helfen einige Stangen, die in beliebigem Abstand auf den Boden gelegt werden, damit das Pferd hinschauen muß, wohin es geht. Stangen, bei denen der Abstand nicht stimmt, werden natürlich nur im Schritt überritten; alte Autoreifen, unregelmäßig verteilt, so daß das Pferd dazwischen- und hineintreten muß, sind eine Variante, die den gleichen Zweck erfüllt.

Um das Pferd noch aufmerksamer zu machen, legt man die Stangen hoch, so daß sie herunterfallen, wenn das Pferd anstößt.

Auch das Traben über Stangen (mit einem Abstand von etwa 1 ½ m = anderthalb Schritt) und anschließendem kleinen Sprung (bis 40 cm) kann man üben. Es erfüllt den gleichen Zweck wie die bekannte Cavalettiarbeit in der engl. Reitweise, nämlich die Kräftigung der Hinterhand und das Dehnen der Rückenmuskulatur. Beim „Springen" im Westernsattel genügt es, wenn der Reiter in der Hüfte abknickt; das weite Vornüberneigen bei gleichzeitig herausgenommenem Gesäß des Reiters ist nicht zu empfehlen, weil man sich damit das Horn in den Bauch stößt. Außerdem ist es bei der Höhe von bis zu 40 cm auch nicht nötig.

korrektes Überwinden der Wippe mit tiefer Nase des Pferdes

Korrektes Überwinden der Wippe mit Halsring

4. Stangenquadrat: In einem engen Quadrat (150 bis 180 cm Seitenlänge) muß das Pferd eine 360-Grad-„Mittelhandwendung" ausführen, ohne aus der Begrenzung hinauszutreten. Das erfordert eine genau abgestimmte, feine Hilfengebung des Reiters: verhaltende Zügelhilfen bei leicht vorwärts und seitwärts treibendem Schenkel. Das Pferd wird in die Richtung gestellt, in die es wenden soll. Da das Pferd weder eine Vorhandwendung, noch eine Hinterhandwendung ausführen soll, läßt es der Reiter anfangs am besten nach jedem Tritt, den es ausführt, kurz stehen, um dann die nächstfolgende Hilfe so zu geben, daß es nicht aus dem Quadrat heraustritt.

Diese Übung erfordert ein schon sehr feinfühlig auf die Schenkelhilfen reagierendes Pferd.

5. Rückwärtsrichten im L oder in Schlangenlinien um Markierungen: Hierbei muß der Reiter neben den Hilfen zum Rückwärtsrichten auch den seitwärtstreibenden Schenkel einsetzen, um die Hinterhand in eine Wendung zu dirigieren. Bevor das L trainiert wird, sollte das Pferd gelernt haben, vollkommen gerade rückwärts zu gehen. Sonst wird es leicht verwirrt, wenn man einmal das Rückwärtsrichten „um die Ecke" fordert, es ein andermal aber korrigiert, wenn es seitlich wegtritt beim Rückwärtsrichten.

Das Rückwärtsrichten um niedrige Markierungen (hohe sind am Anfang leichter) ist noch schwieriger; es erfordert ein schon in punkto Trailhindernisse vorsichtig gewordenes Pferd, welches aufpaßt, wohin es seine Hufe setzt.

Anfangs wird man die Markierungen natürlich weit auseinander stellen, um dem Pferd die „Arbeit" zu erleichtern. Später kann man eine „Millimeterarbeit" daraus machen.

6. Seitwärtstreten über Hindernisse: Diese Übung kann in verschiedenen Schwierigkeitsgraden trainiert werden. Anfangs tut es eine einfache Stange, die das Pferd zwischen Vorder- und Hinterbeine nehmen soll, um dann seitwärts darüber zu laufen. Diese Übung unterstützt das Training des Schenkelweichens. Beim Schenkelweichen tritt das Pferd allerdings vorwärts-seitwärts, während es über eine Stange in gerader Linie seitwärts gehen muß, also vorne stärker verhalten wird.

Besonders schwierig ist das T-Hindernis; es wird von links angeritten – seitwärts nach rechts bis zum Mittelpunkt – dann eine Hinterhandwendung um 90 Grad – wieder seitwärts nach rechts bis zum Ende der Stange – halten – den gleichen Weg nach links zurück-seitwärts bis zum Mittelpunkt – dort eine Vorhandwendung um 90 Grad – schließlich seitwärts nach links aus dem Hindernis ausreiten.

Diese Übung sollte auch wieder nur mit einem „fortgeschrittenen Trailpferd" gemacht werden. Anfangs genügen einzelne Stangen bzw. andere Markierungen, die in einem Winkel zueinander stehen. Bei Zickzackhindernissen werden neben dem Seitwärtstreten auch Vor- und Hinterhandwendungen nötig. Solche Zickzackhindernisse können wahlweise aus Stangen, Pylonen oder auch Strohballen aufgebaut werden. Am besten läßt man sich „öfter mal was Neues" einfallen.

Neben diesen „Standardhindernissen" ist eigentlich alles möglich, was sich der Reiter einfallen läßt, um seinem Pferd immer wieder neue Aufgaben zu stellen und es so immer aufmerksam zu halten. Bei sämtlichen Trailhindernissen muß der Reiter darauf achten, daß das Pferd nicht nach mehreren Übungen am gleichen Hindernis den Hilfen des Reiters vorgreift. Es soll zwar bis zu einem gewissen Grad selbständig arbeiten, aber immer erst das Signal des Reiters abwarten, bevor es etwas tut. Dieses Vorgreifen verhindert man, indem man bekannte Hindernisse nicht zu oft übt oder sie öfter gerinfügig verändert.

Eine Gehorsamübung ist auch das **Ground-Tying:** man läßt das Pferd mit dem Kommando „Whoa" ohne Reiter in der Bahn stehen; dabei wird ein Zügel am Sattelhorn befestigt, der andere hängt auf der Erde. Dieser hängende Zügel soll für das Pferd auf Dauer zum Signal des Stehenbleibens ohne Reiter werden. Der Reiter muß sich entfernen können, ohne daß sich das Pferd von der Stelle rührt. Anfangs werden die meisten Pferde ihrem Reiter hinterherlaufen wollen (läuft es dem Reiter davon, ist das nicht unbedingt ein Vertrauensbeweis und sollte dem Reiter zu denken geben). Dieses Nachlaufen wird man mit ein paar Tritten Rückwärtsrichten und einem erneuten „Whoa" unterbinden. Die Korrektur nimmt

Hier wurde das Stangen-T von rechts angeritten (auf dem Turnier muß immer von links angeritten werden)

Stangen - T; Hinterhand Wendung nach links 1. Phase

Stangen -T; Hinterhand Wendung u. links 2. Phase

Stangen - T Hinterhandwendung 3. Phase; Vorderbeine treten durch die 45cm große Lücke

Stangen - T Hinterhandwendung 4. Phase (Pferd steht über der Querstange des T)

rückwärts im Slalom durch Pylone

man solange ruhig und bestimmt vor, bis das Pferd stehen-bleibt. Anfangs ist es besser, wenn in Reichweite des Pferdes nichts „Freßbares" herumsteht. Später darf das Tier sich auch dann nicht von der Stelle rühren, wenn 10 m weiter ein Eimer mit Futter steht. Das Ground-Tying kann man sogar schon an der Hand üben.

Soviel zu den Trailhindernissen, die viel zu einer Vefeine-rung der Hilfengebung des Reiters und der Reaktionen des Pferdes beitragen können.

Wie auch die „dressurmäßige" Arbeit, sollte man das Trail-reiten nie übertreiben und nicht ein Hindernis nach dem anderen überwinden wollen. Damit macht man das Pferd schnell sauer. Zuviele neue Hindernisse auf einmal verwirren das Pferd. Man wird also am besten immer nur eine „Neu-heit" trainieren.

Richtig eingesetzt fördern Trailübungen die Konzentra-tionsfähigkeit von Pferd und Reiter und tragen zur „Verstän-digung" der Reiter-Pferd-Gemeinschaft mit minimalen Hil-fen bei. Im übrigen ist es absolut nicht nötig, daß das Pferd nun jedes Hindernis perfekt beherrscht, es sei denn, der Rei-ter hat Turnierambitionen.

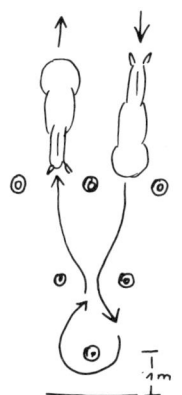

Rückwärts durch Pylone

seitl. Abstand der Pylone jeweils 1 m

122

Schemazeichnung: *Durchreiten des Tores vorwärts*
(Variante)

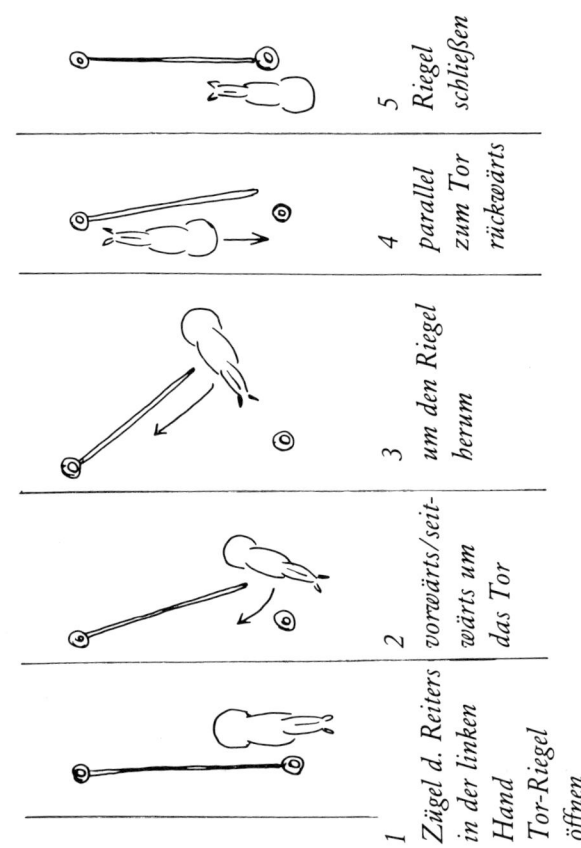

1
Zügel d. Reiters
in der linken
Hand
Tor-Riegel
öffnen

2
vorwärts/seit-
wärts um
das Tor

3
um den Riegel
herum

4
parallel
zum Tor
rückwärts

5
Riegel
schließen

turniermäßig richtiges Anreiten des Stangen-T

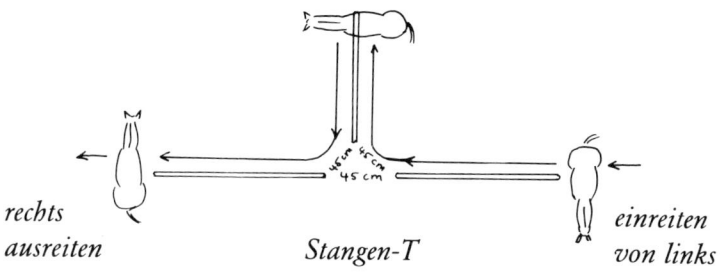

rechts
ausreiten   *Stangen-T*   *einreiten*
von links

Verstärktes Training der Hinterhand

Wer nun, nachdem er sich durch die Grundausbildung mit seinem Pferd „gewurstelt" hat, keine Lust mehr verspürt, mehrere Tage in der Woche in der Bahn zu verbringen, hat ein gehorsames, rittiges Pferd und kann sich, von einigen Auffrischungsübungen ab und zu in der Bahn abgesehen, draußen in Feld und Wald herumtreiben.

Für den, der weitermachen will, kommt jetzt eigentlich erst der ausbildungsmäßig interessantere Teil, nämlich die Übungen, die dem Westernpferd später die schnellen Wendungen und Stops aus vollem Tempo ermöglichen.

Dazu muß die Hinterhand noch stärker trainiert werden.

Eine gute Übung für die Muskeln der Hinterhand ist es z. B., aus dem Rückwärtsrichten heraus anzutraben oder später auch anzugaloppieren. Das Pferd hat beim Rückwärtstreten die Hinterhand weit untergesetzt und tritt bzw. springt dementsprechend auch mit untergeschobenen Hinterbeinen an. Der Reiter muß allerdings darauf achten, daß das Pferd die Übung nicht schleppend ausführt und evtl. bei zögerndem Antreten mit Gerte (oder auch mit Sporen) nachhelfen.

Auch das Schenkelweichen im Trab fördert die Muskulatur der Hinterhand und die Kontrolle der Hinterbeine des Pferdes durch den Reiterschenkel. Bevor man mit dieser Übung beginnt, sollte das Pferd die Hilfen im Schritt so gut annehmen, daß es nicht mehr schräg zum Zaun gestellt seitwärts tritt, sondern sicher auf den seitwärtstreibenden Schenkel reagiert.

Auch die Vorübungen für den Roll-Back (eine aus der Hinterhand gesprungene Wendung des Pferdes um 180 Grad – also in die Gegenrichtung) und den Spin (eine heute meist „gelaufene" Hinterhandwendung um 360 Grad) gehören in dieses Kapitel der weiteren Hinterhandkräftigung. Wir befassen uns als Nicht-Profis in diesem Stadium der Ausbildung am besten wirklich erst einmal nur mit diesen vorbereitenden Übungen; die rasante und fehlerfreie Ausführung dieser schwierigen Lektionen erfordert soviel Feingefühl seitens des Reiters, daß er sich sehr viel Zeit damit lassen sollte, „Tempo" in diese Übungen zu bringen. Deswegen beschreibe ich auch das Training für die schnellere Ausführung der beiden Lektionen sowie auch den Stop und den Fliegenden Wechsel erst in dem Kapitel „Weiterführende Ausbildung".

Fangen wir mit dem **Roll-Back** an. Der Roll-Back ist in der „fertigen" Ausführung ein Stoppen aus dem Galopp mit gleichzeitigem Wenden des Pferdes um 180 Grad auf der Hinterhand und anschließendem Weitergaloppieren in die entgegengesetzte Richtung.

Diese Übung kann man ohne weiteres erst einmal aus dem Schritt und Trab trainieren. Fangen wir im Schritt an: Für einen Roll-Back nach rechts reitet man auf der linken Hand etwa eine Pferdelänge von der Reitbahnbegrenzung entfernt parallel zu dieser und gibt die Hilfen zum Anhalten. Dann wendet man das Pferd nach rechts zum Zaun hin ab (die rechte Hand wird auf der Zaunseite weit herausgeführt, der linke Zügel liegt am Hals an, der linke Schenkel treibt, das Gewicht des Reiters wird zum Zaun hin, nach rechts verlagert).

Da das Pferd nun beim Wenden direkt den Zaun vor der Nase hat, kann es nicht nach vorn wegtreten, wird also auf der Hinterhand stehenbleiben, der führenden rechten Zügelhand folgen und die Wendung zu Ende führen. Hat es die Wendung etwa zu 2/3 ausgeführt (also etwa um 120 Grad), so schlägt der Reiter einmal mit der linksgehaltenen Gerte — bei einem empfindlichen Pferd auf die Chaps, bei einem stureren auf die Hinterhand. Das Pferd wird nun die restlichen 60 Grad der Wendung schneller ausführen und evtl. schon aus der Wendung heraus in die entgegengesetzte Richtung „wegspringen" bzw. aus der Wendung herausgaloppieren; der Reiter läßt es weitergaloppieren und lobt es. Dieses schnelle Herausspringen aus der Wendung ist wichtig; einleiten kann man das Training des Roll-Backs ruhig aus dem langsamen Tempo, doch muß das Pferd schnell und flüssig aus der Wendung herauskommen. Klappt der Ansatz zum Roll-Back aus dem Schritt nach beiden Seiten, kann man es aus dem Trab probieren. Übungen aus dem Galopp haben noch Zeit, weil dazu das Pferd auch den Stop schon relativ gut beherrschen muß (siehe Kapitel Weiterführende Ausbildung).

Ansatz zum Roll Back links – äußerer Zügel liegt am Hals –
Gewicht der Reiterin nach links in Richtung der Wendung verla-
gert – äußerer Schenkel treibt, innerer Zügel wird seitlich in Kopf-
höhe des Pferdes herausgeführt.

Nun zur Vorbereitung auf den *Spin:* Vorneweg gleich zwei
wesentliche Unterschiede in der Hilfengebung zum Roll-
Back; der Spin ist im allgemeinen eine laufende, trabähnliche
Bewegung, während der Roll-Back eine gesprungene Wendung ist. Es gibt aber auch Pferde bzw. Trainer, die ihn aus
dem Galopp ähnlich der Galopp-Pirouette im Dressursport
entwickeln; dieser gesprungene Spin ist aber für Pferd und
Reiter meist schwieriger und wird nie ganz so rasant ausgeführt werden können, wie der flache, gelaufene Spin, bei
dem das Pferd immer ein Vorderbein kurz auf der Erde hat.

Beim Roll-Back sitzt der Reiter in Bewegungsrichtung des
Pferdes; er hat also beim Roll-Back nach rechts sein Gewicht
auch nach rechts verlagert. Beim Spin dagegen sitzt der Reiter

– zumindest in der Endausführung – gegen die Bewegungsrichtung, hat also beim Spin rechts sein Gewicht links (später,
wenn's schneller geht, ein bedeutendes Unterscheidungs-
merkmal für das Pferd).

Den gelaufenen Spin entwickelt man am besten aus dem
Schritt; man reitet einen kleinen Zirkel und verkleinert diesen durch Druck des äußeren Schenkels, so daß das Pferd die
äußeren Beine schräg vor die inneren setzen muß. – Für den,
der dressurmäßig bewandert ist: eine traversartige Bewegung.
– Das Pferd ist dabei in die Wendung – also nach innen –
gestellt. Zu diesem Zeitpunkt hat der Reiter das Gewicht auch
noch nach innen verlagert und biegt mit leichtem Gegenhal-
ten des inneren Schenkels das Pferd. Nun verkleinert man
den Kreis immer weiter, wobei der Reiter darauf achten muß,
daß die Hinterhand nicht ausfällt. Das kreuzweise Übertreten vor allem der Vorderbeine ist wichtig für die spätere

*Ansatz zum Spin nach links – äußerer Schenkel treibt, äußerer Zü-
gel liegt am Hals – rechtes Vorderbein überkreuzt – Pferd ist nach
links gestellt*

schnelle Ausführung. Dieses Zirkelverkleinern im Schritt übt man nun auf jeder Hand ein paarmal während des Reitens in der Bahn. Reagiert das Pferd gut auf den äußeren Schenkel und tritt gut über beim Verkleinern, so kann man das Ganze im Trab üben. Mehr als eine kleine Volte sollte anfangs nicht verlangt werden.

Bleibt das Pferd problemlos auch in kleinsten Kreisen mit der Hinterhand in der Wendung, beginnt man (anfangs auch wieder erst im Schritt) durch eine verhaltende Zügelhilfe die Vorhand um die stehende Hinterhand herumzuführen (ähnlich der engl. Hinterhandwendung). Dazu nimmt der Reiter nun aber im Gegensatz zur Hinterhandwendung das Gewicht nach außen, um die innere Schulter des Pferdes freizubekommen, damit es sie leichter heben kann. Die innere Hand des Reiters führt den Zügel weit heraus, so daß das Pferd gut in die Wendung gestellt ist, der äußere wird wieder deutlich an den Hals angelegt. Nun bedeutet man dem Pferd durch einen kurzen Pull am äußeren Zügel ein Verhalten und treibt mit dem äußeren Schenkel die Vorhand um die nun verhaltend stehengebliebene Hinterhand. (Erst in diesem Moment kommt das Gewicht des Reiters nach außen.)

Ein Zurücktreten des Pferdes ist auf jeden Fall zu vermeiden und muß mit energischem Vorwärtstreiben beider Schenkel korrigiert werden, denn das Pferd soll ja das innere Vorderbein mit dem äußeren nach **vorne** überkreuzen. Bei einer Hinterhandwendung als Vorbereitung auf den Spin muß diese minimale Vorwärtsbewegung erhalten bleiben. Auch bei der engl. Hinterhandwendung wird das Zurücktreten als der größere Fehler angesehen.

Führt das Pferd diesen langsamen Spin korrekt und flüssig aus — anfangs genügen nur ein paar Takte des Übertretens —, lassen wir es erst einmal dabei bewenden und üben ihn öfter mal auf jeder Hand, ohne sofort auf eine schnellere Ausführung erpicht zu sein. Die Korrektheit der Ausführung ist viel wichtiger als die Geschwindigkeit. Einige Trainer sitzen auch beim Spin, wie beim Roll-Back in Bewegungsrichtung. Das hat den Nachteil, daß die innere Schulter des Pferdes stärker belastet wird, das Pferd also nicht so frei in der Schulter ist, wie beim nach außen genommenen Gewicht; außerdem kann es Spin und Roll-Back nicht so gut unterscheiden.

Doch dabei hat jeder Trainer so seine eigene Methode. Ich habe versucht, die mir am einfachsten und logischsten erscheinende hier zu beschreiben.

Außer dem gelaufenen Spin gibt es auch, wie schon erwähnt, den „galopp-pirouettenartig" gesprungenen Spin. Er wird – zumindest auf dem Turnier – nicht mehr so gerne gesehen, obwohl er nicht falsch ist. Man entwickelt ihn aus einem Zirkelverkleinern im Galopp. Es mag Pferde geben, denen liegt ein gesprungener Spin mehr als ein gelaufener; vor allem bei Pferden mit relativ langem Rücken und Hals kann es vorkommen, daß sie beim gelaufenen Spin vorne zu tief kommen – die Schulter nicht mehr heben. Durch den verkürzten Galoppsprung beim gesprungenen Spin hat es der Reiter bei solchen Pferden manchmal leichter, sie vermehrt auf die Hinterhand zu bringen.

Aber diese Probleme haben wir im Moment noch gar nicht.

Kommen wir erst einmal zur Umstellung von engl. gerittenen Pferden.

Pferde umstellen

Gehen wir vom Idealfall, einem gut englisch gerittenen oder angerittenen Pferd, aus; noch besser ist natürlich ein dressurmäßig ausgebildetes Tier. Ein solches Tier ist schon mehr oder weniger gut gymnastiziert und unter dem Reiter im Gleichgewicht.

Es ist allerdings daran gewöhnt, ständig aktiv an die Hand herangetrieben zu werden. Es muß nun lernen, seine Hinterhand auch ohne ständiges Treiben des Reiters einzusetzen, auch ohne ständige halbe Paraden nicht „auseinanderzufallen", die Vorhand zu stark zu belasten. Bei einem großen Pferd mit langem Rücken wird man etwas mehr Probleme damit haben als bei einem kleinen, kurzen Pferd. Da die meisten engl. gerittenen Pferde kaum mit verbalen Kommandos unter dem Reiter vertraut sind, wird man sie erst einmal, genau wie das junge, unerfahrene Pferd, mit den Kommandos „Whoa", „Back", „Walk", „Jog" und „Lope" bekannt machen.

Kennen sie schon einige Kommandos vom Longieren, behält man die deutschen Ausdrücke Halt, Schritt, Trab, Galopp etc. bei.

Um dem umzustellenden Pferd begreiflich zu machen, daß nun etwas „Neues" kommt, beginnt man am besten, wie beim ungerittenen Pferd, mit „Handarbeit". Da viele der engl. gerittenen Pferde sowieso recht schlecht erzogen sind, ist die Arbeit an Longe und Führstrick auch sehr sinnvoll.

Es wird im Prinzip erst einmal das Gleiche gemacht, wie mit einem unbedarften Dreijährigen (siehe Kapitel über die Ausbildung des jungen Pferdes). Manchmal wird es allerdings nötig sein, das ältere Pferd etwas härter anzufassen, da es sich evtl. bestimmte Unarten über Jahre hinweg angewöhnt hat.

Um ihm Respekt vor dem Wort „*Halt*" oder „*Whoa*" beizubringen, wird man es evtl. – zuerst von Hand am Halfter –
doubeln müssen. Will oder muß man es mit Gebiß doubeln,
so schützt man das Maul mit Gummischeiben und benutzt
ein Doubling-Outfit (siehe Abbildung).

*Der Lederschutz um Maul und Nasenrücken verhindert ein
Durchziehen der Ringe durch's Maul (ähnlich den Gummischeiben);
außerdem kann man das Snaffle-Bit je nach Bedarf höher oder tiefer im Maul justieren (z. B. höher – Richtung Gaumen, wenn das
Pferd die Zunge über's Gebiß nehmen will)*

Hat das Pferd die Kommandos begriffen, kann man wieder mit dem Reiten beginnen. Man wird nun – wie beim jungen Pferd – den Schüler erst einmal probeweise im Schritt und Trab am losen Zügel reiten und auf den ständig treibenden Schenkel verzichten. Je nach Temperament kann das Pferd nun ganz verschieden reagieren; ein faules wird den Kopf hängenlassen und friedlich mit wenig eingesetzter Hinterhand auf der Vorhand „schlurfen"; ein nerviges Pferd wird eher seine neugewonnene „Freiheit" durch Schnellerwerden ausnützen wollen; ein Pferd mit schlechtangesetztem Hals wird vielleicht den Rücken wegdrücken etc.

Einige Pferde mag es auch geben, die sich schon jetzt frei tragen – das sind die Glücksfälle unter den umzustellenden Pferden, die weniger Arbeit brauchen. Mit den anderen verfährt man im Prinzip wie mit dem jungen, rohen Pferd, nur daß man etwas schneller „vorangehen" kann.

Fangen wir beim **faulen Pferd** an: Es muß dazu gebracht werden, mehr oder weniger freiwillig seine Hinterbeine einzusetzen, auch wenn es nicht dauernd getrieben wird. Das Loslassen des Zügels ist dabei schon eine gute Hilfe, da ja das bißchen Vorwärtsdrang, das auch ein faules Pferd besitzt, nun nicht mehr durch die verhaltenen Zügelhilfen gebremst wird. Ein gutes Hinterhandtraining ist das ständige Halten aus dem Trab und wieder antraben aus dem Stand. Das Pferd kennt und befolgt das „Whoa"; man wird also ohne viel Zügeleinwirkung aus dem langsamen Trab anhalten können. Steht der Zügel nicht an, kann es sich auch nicht „drauflegen", also nicht allzu stark auf die Vorhand fallen. Zusätzlich unterstützt man das Untersetzen der Hinterhand mit einmaligem kurzen Schenkeldruck. „Weigert" sich das Pferd trotzdem noch, unterzutreten oder hält nicht konsequent genug an – läuft langsam aus, bis es zum Stehen kommt – so treibt man es ein paarmal energisch frontal gegen die Umzäunung der Bahn. Vor dem Hindernis wird es schon anhalten, will es nicht dagegenrennen. Es wird zwangsläufig die Hinterhand stärker belasten müssen, wenn man es schnell genug gegen den Zaun reitet, weil es sonst mit der Brust oder den Vorderbeinen dagegenprallen würde. Auch ein junges Pferd auf der Koppel „stoppt" auf der Hinterhand vor einem Zaun. Diese Prozedur wiederholt man immer, wenn das Pferd nachlässig mit den Hinterbeinen wird.

Bald kann man auch die Übung des Roll-Backs mit dem schnellen Herausspringen aus der Wendung ins „Programm" aufnehmen. Auch dabei wird starke Hinterhandarbeit vom Pferd gefordert.

Schlurft das Pferd im Trab, so läßt man es über Stangen treten. Man kann auch öfter einen kleinen Sprung einbeziehen. Da eigentlich alle Pferde im Gelände besser vorwärtsgehen, kann man einen Teil der Arbeit nach draußen verlegen. Auch im Gelände kann man mit einem älteren Pferd wunderbar Paraden zum Halten üben, kann seitwärts- und rückwärtstreten lassen etc.

Will man nicht nur zum Spaß ausreiten, sondern draußen mit dem Pferd arbeiten, reitet man am besten alleine, damit das Pferd nicht abgelenkt wird.

Hat das Pferd begriffen, daß man es mit Schenkel und Zügel in Ruhe läßt, wenn es taktmäßig und ruhig geht – und das wird es schnell begreifen, denn diese Art geritten zu werden ist ihm sicher lieber als ein laufendes aktives Einwirken des Reiters – so kann man mit den die Hinterhand stärker fordernden Übungen beginnen (antraben und angaloppieren aus dem Rückwärtsrichten, Basistraining für Spin und Roll-Back) und vermehrt die Reaktion des Pferdes auf den außen angelegten Zügel fordern. Man wird also so wenig wie möglich die Wendungen mit dem inneren Zügel einleiten, sondern ihn mehr und mehr als Korrekturzügel für falsche Stellung des Pferdes benutzen. Zusätzlich kann man die Trailarbeit beginnen, um die Aufmerksamkeit zu fördern.

Haben wir ein **nervöses Pferd** mit starkem Vorwärtsdrang, werden zuerst die treibenden Hilfen verringert. Der Schenkel bleibt passiv. Die vorwärtstreibenden Gewichtshilfen des Reiters (Kreuzeinwirkung) unterbleiben. Bei manchen Pferden kann man allerdings anfangs noch nicht auf das Gegensitzen, also auf das den Vorwärtsdrang hemmende Einsitzen des Reiters mit „festgehaltenem" Kreuz, verzichten.

Danach versucht der Reiter, die Zügelanlehnung zu verringern, bis er keine ständige Verbindung zum Pferdemaul mehr hat; versucht das Pferd nun zu stürmen, so beruhigt man es mit der Stimme und immer wieder eingesetzten einseitigen Pulls am Zügel. Bei manchen Pferden hilft es auch, sie in einer genügend großen Reitbahn einfach mal laufen zu lassen und nur vor den Ecken einen Anschlag auf den Zügel zu geben, damit sie nicht ausrutschen. Es gibt Pferde, die sich dann von selbst beruhigen, sitzt der Reiter trotz des Rennens entspannt. Helfen diese Methoden auf Dauer nicht, pariert man das Pferd jedesmal, wenn es zu schnell wird, mit einem „Whoa" zum Halten durch (erst nur aus dem Trab, später auch aus dem langsamen Galopp — es handelt sich in diesem Fall ja schon um ein englisch ausgebildetes Pferd, dem nicht erst das Gleichgewicht unter dem Reiter „beigebracht" werden muß; so kann man ihm diese Lektion schon zumuten! — Anders liegt der Fall bei einem nur angerittenen Pferd — dem wird man die Sache noch nicht aus dem Galopp zumuten). Dem Pferd wird schnell die Lust vergehen, vorwärtszustürmen, wenn es merkt, daß es nicht weit kommt. Bei diesem laufenden Stoppen darf man das Pferd gar nicht erst so schnell werden lassen, daß man es nicht mehr problemlos anhalten kann — schließlich ist es noch lange nicht soweit, einen Sliding Stop ausführen zu können.

Reagiert das Pferd nicht auf „Whoa", obwohl es dies an der Hand gelernt hat, lassen wir es, ohne zu treiben (also nicht energisch gegenreiten wie beim faulen Pferd) ein paarmal gegen den Zaun laufen. Dabei wird es auf keinen Fall bestraft, weil es sonst nur noch hektischer wird.

Gerade bei hektischen Pferden, die ja meist recht sensibel sind, habe ich bei der Umstellung recht gute Erfahrungen mit dem Bosal gemacht. Es sollte aber auf jeden Fall anfangs nur in der Bahn benutzt werden, solange das Pferd noch nicht gehorsam genug ist, um auch im Gelände sicher damit geritten zu werden. Ich rede in diesem Fall aber wirklich nur von hektischen, nervösen Pferden, nicht von potentiellen Durchgängern oder solchen, die zum Durchgehen durch Wettrennen im Gelände erzogen wurden. Für diese Pferde wird das Bosal im Gelände meist ein Wunschtraum bleiben, bzw. erst nach Jahren ruhiger Arbeit eingesetzt werden können.

Für die Umstellung des Pferdes in der Bahn kann es in vielen Fällen sinnvoll sein, vom Snaffle-Bit auf eine andere Zäumung umzusteigen (siehe Kapitel über die Gebisse), um z. B. ein unempfindlich gewordenes Maul aufzufrischen. Welches Trainingsgebiß sich eignet, muß von Pferd zu Pferd ausprobiert werden. Es darf keinesfalls zu scharf sein, denn damit erreicht man nur ein weiteres Abstumpfen des Mauls.

Auch beim nervösen Pferd gehen wir, sobald es in den Grundgangarten ruhig geworden ist, zur verstärkten Hinterhandarbeit über. Nur müssen wir hier darauf achten, das Pferd nicht erneut hektisch zu machen; man wird dem Pferd also nach einer Übung wie dem Roll-Back-Training eine „Besinnungspause" geben, indem man es einfach irgendwo ruhig in der Bahn stehen läßt. Die Übungen, die schon eine gewisse Schnelligkeit erfordern, dürfen mit einem nervösen Pferd nie so oft wiederholt werden, wie z. B. beim faulen Pferd, was damit nur wünschenswert aufgeweckt würde.

Das Training von Trailhindernissen wird sich mit einem sensiblen, unruhigen Tier manchmal etwas schwieriger gestalten, wenn es nämlich vor lauter Aufregung nicht mehr weiß, wo es zuerst hintreten soll. Manche Pferde sind auch einfach übereifrig und wollen dem Reiter alles recht machen; dabei verhaspeln sie sich dann.

Da hilft nur eins: nach jedem 2. oder 3. Schritt, ganz gleich, ob vorwärts, rückwärts oder seitwärts, eine Weile stehenlassen. Manche Trailhindernisse kann man auch an der Hand trainieren.

Die Trailausbildung sollte eigentlich jedem Freizeitreiter wichtig sein, weil sie ihm zu einem Pferd verhilft, das im Gelände souverän und ruhig verschiedene natürliche Hindernisse angeht. Es hat nämlich gelernt, dem Reiter in all seinen Forderungen zu vertrauen. Außerdem fördert sie bei phlegmatischen Pferden die Aufmerksamkeit und das „Füßeheben", bei nervösen das Abwarten der Reiterhilfen, ohne dem Reiter durch Übereifrigkeit vorgreifen zu wollen.

Bei Pferden, die gern den Rücken wegdrücken, kann man versuchen, anfangs möglichst wenig Gewicht in den Sattel zu bringen. Manchmal hilft sogar schon ein Sattelwechsel, denn der Westernsattel verteilt das Gewicht gleichmäßiger auf den Pferderücken als der englische und wird von vielen Pferden als angenehmer empfunden.

Hilft alles nichts, so kann man eine Zeitlang ein Tie-Down benutzen – einen an einem Nasenriemen befestigten Stoßzügel oder einen Trainingsausbinder, der auf das Genick des Pferdes wirkt.

Dabei sollte man diese Zwangsmittel nicht zu eng schnallen, sonst erzielt man die gegenteilige Wirkung: das Pferd wird sich beständig gegen den Zwang wehren und den Kopf umso höher tragen, wenn es kein Tie-Down mehr trägt.

Überhaupt sollte man Hilfszügel so wenig wie möglich verwenden. Leider benutzen sie viele Reiter ständig, um ihre eigene Unfähigkeit, ein Pferd korrekt zu reiten, damit zu überspielen.

Der umstellende Reiter, der gewohnt ist, ein Pferd an den Zügel zu stellen, wird sich erst einmal selbst umstellen müssen, denn die Kopfhaltung des Pferdes, auf die der englische Reiter so viel Wert legt, ist dem Westernreiter erst einmal nicht so wichtig. Er legt Wert auf den losgelassenen Rücken und die gute Hinterhandarbeit. Auch wenn manche Pferde, vor allem die mit etwas längerem Rücken, dem Auge des englischen Reiters auseinandergefallen erscheinen (oft sind sie es auch am Anfang der Umstellung), so ist dies nicht weiter schlimm: mit zunehmender Hinterhandarbeit wird sich dieser Eindruck von selbst geben. Das fertig ausgebildete Westernpferd wird, wie das gut ausgebildete engl. Pferd, im Genick abknicken; es wird dies freiwillig mit fortschreitender Ausbildung tun und nicht, wie in der engl. Reitweise oft zu sehen, durch mehr oder weniger zwangsweise Einwirkung der Reiterhand. – Die ideale Ausbildung des engl. gerittenen Pferdes sieht eigentlich genauso aus, nur sieht man es in den seltensten Fällen, da die meisten Reiter die Zügel zum Ziehen benutzen und nicht, um korrekte Paraden zu geben. Insofern ist die Westernreitweise für den Freizeitreiter eher erlernbar, denn sie erfordert nicht die gleiche Feinfühligkeit der Hand, wie sie bei einem ständig in Kontakt mit der Reiterhand stehenden Pferdemaul notwendig ist.

Abschließend noch ein Wort zur von fast allen zukünftigen „Western-Fans" angestrebten einhändigen Zügelführung.

Alles, was ich bis jetzt beschrieben habe, gehört weitgehend zur westernmäßigen Grundausbildung, die die Voraussetzung für die einhändige Zügelführung ist. Der äußere, am Hals liegende Zügel wird dem Pferd bald genauso Hilfe zur Wendung sein wie es vorher der innere (direkte) Zügel war, der durch einseitige Pulls die Wendung einleitete, vorausgesetzt, er liegt bei **jeder** Wendung an der äußeren Halsseite an. Die Empfindlichkeit auf diesen äußeren Zügel kann man immer wieder zwischendrin testen, indem man versucht, nur den äußeren Zügel und das Gewicht für eine Wendung einzusetzen. Reagiert das Pferd gut darauf (in jeder Gangart), kann man immer mehr den inneren, stellenden Zügel vernachlässigen und ihn nur noch zur Korrektur einsetzen, wenn sich das Pferd nicht genügend stellen und biegen will. Der Übergang zur einhändigen Zügelführung sollte mit Snaffle-Bit, Bosal oder Trainingsgebiß vollzogen sein, bevor an eine Umstellung auf Bit (blanke Kandare) zu denken ist. Bei der blanken Kandare ist durch ihre Hebelwirkung der innere Zügel als stellender Zügel kaum zu gebrauchen, sollte auch nicht als solcher benutzt werden.

Soviel zur Grundausbildung von jungen und umzustellenden Pferden; die Ratschläge und Ausbildungsrichtlinien der weiterführenden Ausbildung gelten nun für beide gleichermaßen.

Korrektur fehlerhaft ausgebildeter oder verdorbener Pferde in Richtung der Westernreitweise

Grundsätzlich gilt auch für die Arbeit mit verdorbenen Pferden das gleiche wie für die Arbeit mit jungen.

Bei Korrektur-Pferden ist allerdings noch mehr Konsequenz erforderlich.

Ich will hier nur einige Tips geben, wie diverse Untugenden ganz oder teilweise behoben werden können. Dabei muß sich aber jeder Reiter ehrlich fragen, ob er sich in der Lage fühlt, ein schwieriges Pferd zu korrigieren; kann er nicht guten Gewissens bejahen, ist es für ihn besser, das Pferd zur Korrektur wegzugeben. Es ist nämlich viel schwieriger, ein Pferd zu korrigieren, als ein unverdorbenes geduldig anzureiten.

Fangen wir einmal beim Aufsitzen an: Viele Pferde haben sich angewöhnt nach vorne wegzulaufen, wenn der Reiter aufsitzen will. Zuerst fragt man sich, ob man selbst das Pferd beim Aufsteigen stört. Piekt man es mit der Fußspitze in den Bauch? – Plumpst man ihm ins Kreuz? – oder rutscht der Sattel? Nein? – Dann ist es einfach eine Unart, die man ihm so schnell wie möglich abgewöhnen sollte. Dazu bittet man am besten einen Helfer, sich vor das Pferd zu stellen, um es am Vortreten zu hindern. Mit einem „Whoa" steigt man dann **langsam** auf. Will das Pferd trotzdem vortreten, kann ihm der Helfer eine Hand auf die Nase legen, um es evtl. durch Druck auf die Nase zum Stehenbleiben zu bewegen. Blieb es bei dieser einfachen Maßnahme schon ruhig stehen, ist eine Belohnung angebracht. Hat man keinen Helfer, kann das Pferd auch mit dem Kopf zum Zaun oder zur Wand gestellt werden. Wichtig ist, daß das Pferd jedesmal, wenn es unaufgefor-

dert vortritt, einige Tritte korrigierend rückwärtsgerichtet
wird. Danach muß es eine Weile ruhig stehen. In schwierigen
Fällen kann man dem Tier auch das Hinterbein hochbinden,
wie es beim ersten Satteln und Aufsitzen gemacht wird. So
wird es kaum versuchen, wegzulaufen. Beachten muß man
dabei, daß nie ein Seil direkt um die Fesselbeuge gelegt wird,
sondern eine Polsterung aus Fell oder ein Lederband verwendet werden, damit sich das Pferd nicht an dem rauhen Seil
verletzen kann, beim Versuch, das Hinterbein wegzuziehen.

Buckeln/Bocken

Auch hier fragt man sich am besten erst einmal nach den
Ursachen der Untugend. Hat das Pferd Schwierigkeiten im
Rücken; tut ihm etwas weh? Pferde mit empfindlichem Rük-
ken oder solche, die beim ersten Satteln und Aufsitzen falsch
behandelt wurden, neigen dazu, sich zu verkrampfen (Sattelzwang) und wollen diese Spannungen dann durch Buckeln
loswerden. Glaubt man, daß dies die Ursache sein könnte,
darf man den Sattelgurt anfangs nicht zu stark anziehen; man
sattelt frühzeitig und läßt das Pferd eine Weile stehen, um
immer wieder einmal den Gurt ein kleines Stückchen vorsichtig nachzuziehen.

Danach sollte man das Pferd etwas ablongieren, damit es
seine Spannungen schon ohne Reiter loswerden kann. Nach
dem Aufsitzen belastet man am besten den Rücken kaum —
solange bis das Pferd nicht mehr verklemmt geht.

Eine gute Methode ist auch, das Pferd jeden Tag eine Weile
frei mit dem Sattel laufen zu lassen — aber nur, wenn es nicht
dazu neigt, den Sattel durch Wälzen loswerden zu wollen.

Die Korrektur eines Pferdes mit Sattelzwang ist recht lang-
wierig, da man geraume Zeit vorsichtig satteln und reiten
muß, bis das Pferd „vergißt" sich zu verkrampfen.

Anders liegt der Fall, wenn das Pferd aus reinem Übermut oder gar aus Widersetzlichkeit – um den Reiter „abzusetzen" – buckelt. Meist werden übermütige Pferde sich an der Longe schon genügend austoben; bei Pferden, die bewußt ihren Reiter „herunterbuckeln" wollen, ist dies natürlich nicht gewährleistet. Bei beiden – sowohl übermütigen als auch bösartig buckelnden Pferden – soll man es unter dem Reiter gar nicht erst zum Bocken kommen lassen. Da das Pferd sich zum Bokken auf jeden Fall erst mal „spannen" muß, d. h. den Kopf tiefnimmt, den Rücken aufwölbt und den Schweif dabei einklemmt, kann der aufmerksame Reiter die ganze Geschichte schon im Ansatz unterbinden. Er kann das Pferd durch kurze wiederholte – ruhig etwas härtere – Pulls am Zügel daran hindern, den Kopf zu senken. Eine anschließende enge Wendung zum Zaun tut ein übriges, denn das Pferd kann weder mit hohem Kopf noch aus einer Biegung heraus buckeln. Die Reaktionen des Reiters auf die Ansätze zum Bocken müssen sehr schnell kommen; auf keinen Fall darf er sich vom Pferd durch ruckartiges Herunterziehen des Kopfes die Zügel aus der Hand reißen lassen, denn buckelt das Pferd erst einmal, hat der Reiter genug damit zu tun, oben zu bleiben und kaum noch Zeit für „Gegenmaßnahmen".

Wichtig ist vor allem dem Pferd klarzumachen, daß man seine Absicht – zu buckeln – immer durchschaut und unter dem Reiter immer unterbinden kann; das bedeutet eine konzentrierte Aufmerksamkeit sämtlichen Regungen des Pferdes gegenüber, die aber nicht in Verspanntheit des Reiters ausarten darf.

Kleben

Das Kleben – an anderen Pferden im Gelände oder auch am Stall – entspringt dem natürlichen Herdentrieb des Pferdes. Mangelndes Vertrauen zum Reiter verstärkt diese Unart.

Pferde, die am Stall kleben, reitet man am besten nicht im Schritt, sondern in schnellerer Gangart vom Stall fort. Funktioniert das nicht, muß man einen Helfer bitten, das Pferd mit einer Longenpeitsche oder Gerte von hinten anzutreiben. Auch das Wegführen vom Stall durch einen Helfer oder den Reiter selbst kann helfen. Auf jeden Fall muß sich der Reiter recht energisch durchsetzen, um dem Pferd gleich zu Anfang der Korrektur klarzumachen, daß es das Kleben am Stall zu unterlassen hat.

Bei Pferden, die sich im Gelände nicht von anderen wegreiten lassen, oder andere nicht von sich wegreiten lassen, ohne einen „Tanz" aufzuführen, muß man gerade dies trainieren.

Eine gute Übung in schwereren Fällen ist folgende: Man reitet mit 1 bis 2 Begleitern zu einem Platz im Wald mit einzeln stehenden Bäumen. Dort angekommen bindet der Reiter mit dem klebenden Pferd dieses an einen starken Baum. Dazu ein dickes, unzerreißbares Lederhalfter verwenden und evtl. am Genickstück auspolstern. Der Baum muß weit genug von anderen Bäumen entfernt stehen, damit das Pferd sich nicht an anderen Bäumen verletzen kann, und darf keine Äste in Kopfhöhe des Pferdes haben. Sinnvoll ist es auch, die Beine des Pferdes durch Transportgamaschen oder ähnliches zu schützen. Dann läßt der Reiter seine Begleiter in aller Ruhe wegreiten. Das Pferd wird eine Weile um den Baum herumtoben, aber bald einsehen, daß das wenig Zweck hat. Hört es auf zu toben (meist, wenn die anderen außer Sichtweite sind), lobt man das Tier und beruhigt es. Entweder reitet man nun allein zum Stall zurück oder trifft sich wieder mit den anderen Reitern. Nach ein paar Übungen dieser Art wird das Pferd begreifen, daß es nichts nützt, gegen den Baum anzukämpfen.

Der Reiter kann nun damit beginnen, immer wieder von

seinen Begleitern wegzureiten oder auch die anderen von sich weggaloppieren zu lassen, während er selbst im Schritt hinterherreitet. Will das Pferd hinterherstürmen, so wendet man es in die entgegengesetzte Richtung und reitet eine Weile in diese Richtung (evtl. auch in schnellerer Gangart). Viele Pferde sind ruhiger, sobald sie die anderen Pferde nicht mehr vor sich sehen. Auf keinen Fall darf man dem Pferd einmal erlauben, hinterherzurennen.

Steigen

Ein Wort vorweg: von einem notorischen Steiger sollte man am besten die Finger lassen, denn vorsätzliches Steigen ist eine sehr gefährliche Sache. Schon viele Pferde haben sich mitsamt ihrem Reiter rückwärts überschlagen.

Doch auch für den Steiger gibt es Gegenmaßnahmen:

Wie beim Bocken kann man auch das Steigen – zumindest bei einem wenig „routinierten Steiger" – im Ansatz unterbinden. Merkt man, daß das Pferd Hals und Kopf nach hinten wirft, wendet man sofort mit tiefer, weit herausgeführter innerer Hand ab, versucht das Pferd stark zu biegen, denn aus der Biegung heraus kann kein Pferd steigen. Auch energisches Vorwärtsreiten, unterstützt durch einen Sporenstich oder Gertenhieb kann helfen.

Hat man den Moment des Ansatzes zum Steigen verpaßt, kann man nur noch sein Gewicht nach vorne nehmen, das Pferd nicht im Maul stören (sich also auf keinen Fall an den Zügeln „festhalten"), und warten, bis es mit den Vorderbeinen wieder auf die Erde kommt, um dann sofort abzuwenden; ein paar enge, energisch gerittene Kreise auf jeder Hand nehmen dem Pferd meist die Lust zum nochmaligen Steigen. Merkt der Reiter, daß das Pferd das Gleichgewicht verliert und nach hinten überzukippen droht, kann er nur versuchen, sich möglichst schnell seitlich aus dem Sattel gleiten zu lassen, um nicht unter das Pferd zu fallen. Hat er nach dieser Episode noch genügend Reaktion, kann er dem noch liegenden Pferd eine kräftige Tracht Prügel verabreichen. Eine recht zweckmäßige Methode ist auch, dem Pferd, sobald es zum Steigen ansetzt, einen nassen Schwamm zwischen die Ohren zu schlagen. Es glaubt dann, es hätte sich den Kopf angeschlagen; das herunterlaufende Wasser trägt zu seiner Verwirrung bei. Der Nachteil an dieser wirksamen Methode ist allerdings der, daß das Pferd meistens gerade dann nicht steigt, wenn man sich durch Mitnahme besagten Schwammes (in der Tasche eines Regenmantels oder in einer am Sattel aufgehängten Plastiktüte) darauf vorbereitet hat.

Die manchmal beschriebene Methode, das Pferd absichtlich umzuwerfen wenn es steigt, halte ich für zu gefährlich. Außerdem ist der Erfolg sehr zweifelhaft.

Durchgehen/Pullen

Wie beim Bocken gibt es auch hier verschiedene Ursachen. Ein Reiter, der es nicht lassen kann, die Schnelligkeit seines Pferdes im Gelände mit anderen Reitern bzw. Pferden zu messen, braucht sich über ein pullendes Pferd nicht zu wundern und auch nicht darüber, daß sein Pferd partout nicht am losen Zügel zu reiten ist.

Auch ist es möglich, daß das Pferd durch „Davonlaufen" einen ihm unbequemen oder unsympathischen Reiter loswerden will. Der Reiter sollte also einmal kritisch überprüfen, ob er, ein falschliegender Sattel oder ein schlechtpassendes Gebiß dem Pferd Unbehagen bereiten.

Dem Pullen bzw. als Steigerung dem unkontrollierten Durchgehen im Galopp als Folge von Temperamentsfehlern des Pferdes ist schwer beizukommen. Das in der Ausbildung des jungen Pferdes beschriebene Doubling ist hier wohl die einzige Methode. Zu vermeiden ist auf jeden Fall ein Ziehen an beiden Zügeln mit zurückgenommenem Oberkörper. Das macht das Pferd nur gefühllos im Maul und verschlimmert das Pullen.

Bei Pferden, die sich langsam „aufheizen", wenn sie längere Zeit galoppiert werden, hilft nur eins: Hauptsächlich Schritt und Jog reiten – anfangs gar nicht galoppieren, später nur selten und nur jeweils kurze Abschnitte (dem Pferd also gar keine Gelegenheit geben, auf dumme Gedanken zu kommen). Dieses „Bummeln" im Gelände erfordert viel Geduld seitens des Reiters, wenn er sein Pferd vielleicht ein ganzes Jahr nur im Schritt und langsamem Trab draußen reiten muß, damit es das Rennen vergißt. Ein einmaliger unkontrollierter Galopp kann die Arbeit von Monaten zunichte machen! Stürmt das Pferd auch in der Bahn, so kann man ihm dies abgewöhnen, indem man es nie mehr als ein paar Galopp-sprünge auf einmal ausführen läßt, bevor man es wieder durchpariert. Irgendwann wird es einsehen, daß die Rennerei keinen Sinn hat.

Scheuen

Normalerweise ist ganz einfach Angst die Ursache des Scheuens. Dementsprechend ist auch mit dem Pferd zu verfahren: beruhigendes Zureden und Klopfen am Hals statt ungerechtfertigter Strafe. Die Zügel sollte der Reiter auch beim Scheuen möglichst nur dann annehmen, wenn es gar nicht anders geht und so entspannt wie möglich im Sattel sitzenbleiben. Je weniger der Sitz des Reiters sich beim Scheuen seines Pferdes verändert, je weniger der Reiter sich, aus Angst herunterzufallen, selbst verkrampft, umso beruhigender wirkt sich dies aufs Pferd aus.

Es ist natürlich leicht gesagt, locker sitzen zu bleiben, wenn

man weiß, daß das Pferd öfter mal einen gewaltigen Satz seitwärts macht; doch gerade der Westernsattel bietet genügend
Halt, um ein solches Seitwärtsspringen relativ locker abzu-
warten. Im Prinzip ist es sowieso einfacher, aus einem losgelassenen Gleichgewichtssitz eine schnelle Bewegung des Pferdes „mitzumachen" als aus einem festen – bei vielen Reitern
auch klemmenden Sitz.

Fast alle Pferde scheuen umso weniger, je lockerer der Reiter sitzt und je weniger er sich aus dem Scheuen macht. Die
„Unbekümmertheit" und Ruhe eines entspannt sitzenden
Reiters überträgt sich auf ein nervöses, zum Scheuen neigen-
des Pferd. Auch ein ruhiges Begleitpferd kann diese Aufgabe
teilweise übernehmen. Andererseits verstärkt ein ängstlicher
Reiter die Neigung des Pferdes zum Scheuen, wenn er, sobald
er etwas sieht, vor dem das Pferd scheuen könnte, die Zügel
annimmt und sich im Sattel „zurechtsetzt" – in Erwartung
des „Hopsers".

Scheut das Pferd nur vor ganz bestimmten Gegenständen,
sollte man versuchen, es an diese Dinge zu gewöhnen, indem
man z. B. auf der Koppel einen solchen furchteinflößenden
Gegenstand aufstellt oder aufhängt (z. B. Regenschirm, flat-
ternder Regenmantel, Fahrrad etc.). Ein Auslauf, an dem
öfter mal ein Traktor oder ein Auto vorbeifährt, ist ganz praktisch zur Gewöhnung an Motorenlärm.

Manche Pferde scheuen allerdings auch aus reinem Übermut und suchen sich dazu einen Anlaß. Ist man sicher, daß
das Pferd keine Angst vor irgendetwas hat und trotzdem
scheut, kann man ihm ruhig einmal einen Klaps mit dem
Quirt versetzen.

Auch mit konzentrierter Arbeit im Gelände kann man solche Pferde vom Scheuen ablenken.

Kopfschlagen

Schlägt das Pferd mit dem Kopf, so wehrt es sich gegen die Zügeleinwirkung. Diese Unart ist beim Westernreiten recht einfach zu korrigieren, da man das Tier ja sowieso weitgehend im Maul in Ruhe lassen soll. Ein Wechsel von Trense auf Bosal kann auch vorteilhaft sein.

In schwereren Fällen kann man ein langgeschnalltes Tie-Down oder einen Trainingsausbinder, der aufs Genick wirkt, verwenden.

Das Tie-Down muß lang genug geschnallt werden, damit das Pferd noch ohne weiteres die Nase vorwärts-abwärts strecken kann. Es soll nur das ruckartige „Nach-oben-Schlagen" des Kopfes durch einen Ruck, den sich das Pferd mehr oder weniger selbst versetzt „bestrafen". Falsch ist es, mit dem Tie-Down auf Dauer eine bestimmte Kopfhaltung erzwingen zu wollen. Sämtliche Arten von Hilfszügeln können immer nur kurzfristig eingesetzt werden, wenn sie nicht mehr schaden als helfen sollen.

Zügelentreißen

Das Pferd versucht durch ruckartiges Ausstrecken von Kopf und Hals, dem Reiter die Zügel aus der Hand zu reißen. Auf diesen Augenblick muß der Reiter gefaßt sein und vor allem dabei fest sitzen, um die Zügel festhalten zu können. Gelingt es ihm, den Ruck durch einfaches Aushalten abzufangen, so versetzt sich das Pferd selbst einen schmerzhaften Riß im Maul; nach einigen erfolglosen (d. h. schmerzhaften) Versuchen wird es mit dem Unsinn aufhören. Faßt man die Zügel als „Brücke" wie im Kapitel über Ausrüstung beschrieben, so hält man dem Zügelentreißen leichter stand als mit der in der engl. Reitweise verwendeten einfachen Zügelhaltung.

Sowohl Kopfschlagen als auch Zügelentreißen sind ihrem Ursprung nach Reiterfehler. Man wird also das Pferd nicht strafen, sondern nur die Unart energisch unterbinden. Erfolg haben wird bei der Korrektur dieser Untugenden nur der Reiter, der in der Lage ist, das Pferd im Normalfall nicht im Maul zu stören. Dann wird es die Schmerzen, die es sich selbst durch Kopfschlagen oder Zügelentreißen zufügt, umso deutlicher mit seinem Fehlverhalten in Verbindung bringen. Rupft ein Reiter sowieso dauernd am Zügel, ist die erzieherische Wirkung einer einfach nur gegenhaltenden Reiterhand natürlich dahin.

Das Pferd nimmt die Zunge übers Gebiß

Abhilfe schafft eine Zungenstrecker-Trense. Hat man eine solche nicht zur Hand, kann man das Gebiß so hoch im Maul befestigen, daß das Pferd die Zunge nicht mehr übers Gebiß bekommt (hoch im Maul bedeutet hier: Richtung Gaumen – nicht Richtung Ohren). Man nimmt dazu einen dünnen Lederriemen, den man durch die Trensenringe und über den Nasenrücken des Pferdes laufen läßt. Er wird am Stirnband der Trense befestigt, damit er nicht herunterrutschen kann.

Weiterführende Ausbildung

Bei der Vervollständigung der Ausbildung des Westernpferdes geht es hauptsächlich um die Lektionen Stop, Spin, Roll Back, den fliegenden Galoppwechsel sowie die Umstellung auf blanke Kandare (Bit). Im Kapitel über Gebisse (s. S. 50) habe ich die Umstellung auf Bit weitgehend dargestellt.

Die Vorübungen zu Spin und Roll-Back sind im Kapitel Grundausbildung (s. S.   ) beschrieben. Will man nun in diese Wendungen mehr Rasanz hineinbringen, benutzt man zum Training auf jeden Fall eine Zäumung, die beidhändig zu gebrauchen ist (Trense, Bosal oder Snaffle mit Shanks). Dies gilt auch, wenn das Pferd schon gut einhändig geht, evtl. auch schon ab und zu mit einer einfachen Kandare geritten wurde.

Der Spin wird durch vermehrten Druck mit dem äußeren Schenkel, evtl. bei einem faulferen Pferd auch mit einem Klaps auf die äußere Schulter (mit dem Quirt) stärker gefordert. Im Verlauf des Spin-Trainings kann man später auch die Sache aus einem Trab-Zirkel heraus entwickeln: der Reiter verkleinert den Trab-Zirkel schenkelweichenartig, „blokkiert" dann mit einem Annehmen des äußeren Zügels die Hinterhand und die Vorhand „trabt" um die Hinterhand herum.

Durch die Vorübungen in der Grundausbildung kennt das Pferd natürlich schon die Art der Hilfengebung.

Unerfahrene Pferde neigen dazu, sich anfangs bei schnellerem Tempo im Spin mit dem übertretenden Vorderbein gegen das andere zu schlagen. Passiert das 1- bis 2mal, so wird das Pferd schnell „sauer" und will die Übung nicht mehr ausführen, weil es sich dabei wehtut. Zum Schutz gegen dieses Anschlagen verwendet man dicke Filzgamaschen an den vorderen Röhrbeinen.

Man achte beim Spin darauf, das Pferd anfangs im Tempo nicht zu überfordern, da sonst das korrekte Übertreten des äußeren Vorderbeines (d. h. die minimale Vorwärtstendenz) leicht verlorengeht. Das gewünschte Tempo kommt mit der Zeit von selbst.

Pivots sind Wendungen um 90 Grad bzw. 180 Grad, die

Spin nach rechts; Überkreuzen des linken Vorderbeines; Gewicht der Reiterin leicht nach außen; lose Zügel bei rechts gestelltem Pferd

Spin nach links mit gut untersetzter Hinterhand und gut gestelltem Pferd; Drehpunkt: linkes – leicht vorgestelltes – Hinterbein

Spin links – Vorderbein greift weit seitlich heraus; äußerer Trensenzügel liegt am Hals

Spin links; Überkreuzen des rechten Vorderbeines; lose Kandarenzügel

genauso wie der Spin trainiert werden; beherrscht das Pferd den Spin, ist der Pivot kein Problem mehr. Allerdings setzt er voraus, daß das Pferd sehr korrekt auf die Hilfen reagiert und sofort mit der Drehung aufhört, wenn ihm der Reiter durch Umsitzen und Schenkeldruck von der anderen Seite das Ende der Übung anzeigt. Korrekte Pivots sind ein gutes Anzeichen für die Durchlässigkeit und den Gehorsam eines Pferdes.

Spin nach rechts

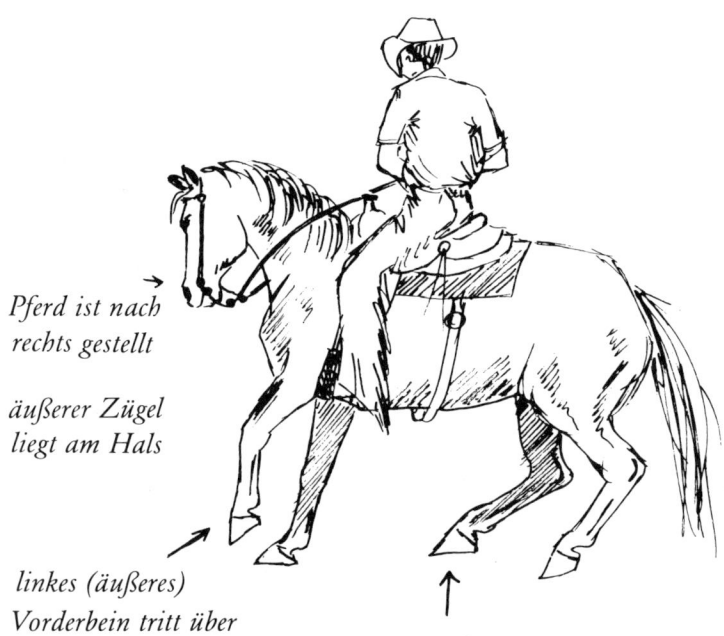

Pferd ist nach rechts gestellt

äußerer Zügel liegt am Hals

linkes (äußeres) Vorderbein tritt über

rechtes (inneres) Hinterbein ist Drehpunkt

Für den korrekten Roll-Back ist es nötig, daß das Pferd schon einen relativ guten **Stop** aus dem Galopp ausführen kann.

Es hat in den Vorübungen gelernt, aus dem Schritt und Trab mit gut untergesetzter Hinterhand anzuhalten. Man wird nun versuchen, das Pferd zuerst aus dem langsamen und später auch aus freierem Galopp zu stoppen. Im Galopp ist es unbedingt notwendig, den richtigen Zeitpunkt der Hilfengebung abzupassen. Durch ein vorbereitendes Signal kann man das Pferd aufmerksam machen (z. B. ein geringfügiges Verändern des Sitzes oder ein leises Wort). Das eigentliche Kommando zum Stop wird in dem Moment gegeben, in dem das Pferd kurz davor ist, die Hinterhand einzusetzen (also kurz nach der Schwebephase). Durch Schenkeldruck wird die Hinterhand zum noch weiteren Untertreten aufgefordert und dann der leichte Pull am Zügel in Verbindung mit dem obligatorischen „Whoa" gegeben; je höher das Tempo, desto schwieriger ist es, den geeigneten Moment abzupassen. Setzt das Pferd die Hinterhand nicht genügend ein, so kann man es bis dicht vor den Zaun treiben; dort muß es bei einem Stop aus etwas höherem Tempo schon seine Hinterbeine untersetzen, will es nicht mit der Brust gegen den Zaun prallen. Diese „Übung" ist natürlich nur etwas für fortgeschrittene Pferde, die nur zu faul sind, ihre Hinterbeine zu benutzen. Sie ist nichts für Pferde, die vom Training her noch nicht genug gymnastiziert wurden, also noch gar nicht in der Lage sind, einen guten Stop auszuführen.

Über den Sitz des Reiters gibt es verschiedene Ansichten: die eine *(Texas Style)* propagiert den tiefen Sitz des Reiters beim Stop, um die Vorhand zu entlasten (vgl. Parade vom Galopp zum Halten im engl. Reitstil). Im *California Style* wird der Rücken des Pferdes entlastet; der Reiter steht entweder im Bügel oder knickt in der Hüfte nach vorn ab. Diese Methode

Stop *Reiter sitzt voll ein*

Reiter nimmt das Gewicht aus dem Sattel

Stop aus langsamem Galopp

Stop aus schnellerem Galopp – das Pferd könnte in der Schulter noch etwas lockerer sein

hat den Vorteil, daß das Pferd den Rücken frei aufwölben kann. Welche Methode die bessere ist, kann von Pferd zu Pferd unterschiedlich sein. Ich bevorzuge die den Rücken entlastende Methode des California Style, weil viele Pferde dabei lockerer stoppen; vielen Reitern aus der engl. Reitweise wird der Stop mit tief sitzendem Reiter logischer erscheinen. Er wirkt allerdings manchmal etwas steif, weil das Pferd den Rücken nicht frei hat.

Auch beim Training des Stops gilt die eiserne Regel: das Pferd nicht überfordern! Man darf nicht sofort einen Stop erwarten, bei dem das Pferd mehrere Meter auf der Hinterhand gleitet; ein gut ausbalancierter Stop ohne aufgerissenes Maul mit aktiver Hinterhand ist schon ein gutes Ergebnis. Manche Pferde können z. B. nie einen wirklich guten Sliding-Stop ausführen, weil sie von ihrem Exterieur her Schwierigkeiten haben. Ein hinten überbautes Pferd oder ein Pferd, dessen Hinterhand nicht gut gewinkelt ist, wird nie einen Super-Stop ausführen können. Man darf nichts Unmögliches von diesen Tieren erwarten, sonst macht man sich durch Unvernunft viele Monate Arbeit zunichte.

Auch die Beschaffenheit des Bodens spielt eine große Rolle bei der „Güte" des Stops. Auf tiefem, zähem Boden sollte man nie einen Sliding Stop üben. Das Pferd bleibt dabei regelrecht strecken und tut sich weh. Nachfolgende Stops wird es dann aufgrund seiner schlechten Erfahrung mit dem Boden nur noch widerwillig ausführen. Gut ist ein fester Boden mit einer lockeren, dünnen Sandschicht obendrauf.

Um Verletzungen an den Fesselgelenken der Hinterbeine zu vermeiden, sollte man das Pferd mit Skid-Boots („Gamaschen", die nur den Fesselkopf im hinteren Teil schützen) ausrüsten. Hat sich das Tier erst einmal die Fesselgelenke „verbrannt", wird es die nächsten Stops schon vorher zu blockieren versuchen, um nicht auf der Hinterhand rutschen zu müssen. Blockiert ein Pferd aus schnellerem Tempo, indem es mit den Vorderbeinen ruckartig abstoppt, so ist das für den Reiter äußerst unangenehm – im schlimmsten Fall landet er auf dem Hals des Pferdes, auf jeden Fall aber wird er ordentlich durchgeschüttelt.

Wichtig beim Stop ist auch, den Zügel sofort, nachdem das Pferd die „Bremse gezogen" hat, wieder loszulassen, damit das Pferd nicht lernt, sich aufs Gebiß zu legen. Außerdem muß es bei einem rasanten Stop, bei dem die Hinterhand mehrere Meter weit rutscht, die Vorhand frei bekommen, damit sie „mittrippeln" kann. Dieses Mitlaufen der Vorhand wird allerdings nicht von allen Pferden ausgeführt; manche haben auch während des ganzen Stops die Vorhand in der Luft.

Man achte darauf, daß das Tempo vor dem Stop nur langsam gesteigert wird. Besonders wichtig ist ein Pferd, was locker galoppiert. Verspannungen oder Steifheit während des Galopps vor dem Stop führen unweigerlich zu einem holprigen, steifen Stop.

Grobe Fehler sind der Stop auf der Vorhand und ein aufgerissenes Maul, hervorgerufen durch zuviel Zügeleinwirkung bei wenig belasteter Hinterhand. Ein holperiger Stop, bei dem das Pferd zwar die Hinterhand einsetzt, die Vorhand aber zwischendrin aufsetzt und dann mit der Hinterhand nochmal nachspringt, kann entweder an einem für den Ausbildungsstand des Pferdes zu hohem Tempo liegen oder aber auch an zu tiefem Boden. Die meisten Pferde haben ein bestimmtes Tempo, aus dem heraus sie gut stoppen; reitet man schneller oder langsamer, geht es nicht mehr so gut. Der Reiter wird bald herausfinden, wie er vor dem Stop galoppieren muß, damit der Stop selbst für das Pferd optimal wird.

Stops sollten nicht jeden Tag intensiv geübt werden; gerade bei dieser Übung werden einige Pferde schnell sauer.

Nun zum **Roll-Back:**

In der korrekten Ausführung ist dies eine möglichst flüssige Wendung auf der Hinterhand um 180 Grad (aus dem Galopp).

Die Vorübungen, d. h. die Hinterhandwendung zum Zaun mit dem Herausgaloppieren aus der Wendung beherrscht das Pferd schon. Das einzige, was nun noch hinzu kommt, ist das Anreiten im Galopp und der Stop. Der Reiter läßt das Pferd auch jetzt diese Übung immer zum Zaun hin ausführen.

Roll Back links; Gewicht in dieser Phase nur auf der Hinterhand; die Vorhand befindet sich ganz in der Luft

Die Hilfen für ein korrektes Roll-Back nach links sehen folgendermaßen aus: Der Reiter galoppiert das Pferd auf der rechten Hand etwa 1 ½ m vom Zaun entfernt im Linksgalopp (Außengalopp), stoppt und gibt die Hilfen zur Linkswendung: Gewicht nach links, rechter Schenkel treibt vermehrt, linke Hand des Reiters wird seitlich herausgeführt (nach rechts entsprechend umgekehrt).

Wichtig ist anfangs, daß das Pferd sich im richtigen Galopp befindet. Ein Pferd, welches rechts galoppiert und daraus einen Roll-Back links ausführen soll, wird nicht so flüssig wenden können, wie eines, welches schon links galoppiert. (später kann und wird der Roll Back auch entgegen dem Handgalopp ausgeführt werden – also Roll-Back nach links aus dem Rechtsgalopp bzw. umgekehrt)

Weiterhin muß der Reiter die Flüssigkeit der Wendung fördern. Das Pferd soll, bevor es aus dem Stop vollkommen zum Stehen gekommen ist, schon wenden (den Schwung aus dem Stop schon für die Wendung ausnutzen). Trainieren sollte man den Roll-Back aber anfangs mit einem vollständigen Stop, um erst dann die Hilfen für die Wendung zu geben, damit das Pferd auch eine Hinterhandwendung ausführt und sich nicht irgendwie auf die andere Hand „wurstelt". Mit zunehmendem Training geht dann der harte Stop mit anschließender schneller Wendung immer mehr in eine fließende Wendung aus dem Galopp über.

Fliegende Wechsel

Wie bei den Hilfen zum Angaloppieren gibt es auch hier zwei Methoden.

Wendet man zum Angaloppieren die diagonale Hilfengebung an, stellt das Pferd also leicht nach außen, kann man die fliegenden Wechsel aus dem *Two-Track* (dem Schenkelwei-

Roll Back rechts; loser innerer Zügel; angelegter äußerer Zügel

Roll Back rechts; Herausspringen aus dem Roll Back nach vorne; Reiterin entlastet die Hinterhand, damit das Pferd gut abdrücken kann

Roll Back rechts – korrekte Stellung am losen Kandarenzügel; gut untergesetzte Hinterhand; Gewicht der Reiterin rechts

Roll Back rechts von hinten

chen im Galopp) entwickeln. In der engl. Reitweise gibt es dieses Schenkelweichen im Galopp eigentlich nicht, sondern nur die Traversale, bei der das Pferd in Bewegungsrichtung gestellt ist.

Dazu muß nun erst einmal der Two-Track im Galopp geübt werden. Das geht natürlich erst dann, wenn das Pferd Schenkelweichen im Schritt und Trab sicher beherrscht.

Die Hilfengebung ist die gleiche wie im Schritt und Trab.

Als Beispiel der Two-Track nach links: Gewicht nach rechts, rechter Schenkel treibt etwas hinter dem Gurt, um die Hinterhand „mitzunehmen", das Pferd ist nach rechts gestellt (und galoppiert links – das linke Vorderbein führt also).

Two-Track nach rechts entsprechend umgekehrt.

Beherrscht das Pferd diese Übung im ruhigen Galopp, ohne dem treibenden Schenkel nach vorne weglaufen zu wollen, so kann man aus diesem Seitwärtsgaloppieren den fliegenden Wechsel fordern. Bleiben wir beim Beispiel des Two-Track nach links: das Pferd galoppiert auf der linken Hand und soll auf die rechte Hand – in den Rechtsgalopp umspringen. In dem Moment, in dem das Pferd alle 4 Beine in der Luft hat, geben wir nun die Hilfen zum Umspringen: das Pferd wird leicht nach links gestellt, der Reiter nimmt das Gewicht nach links und treibt mit dem linken Schenkel – dadurch bekommt das Pferd die rechte Schulter frei und wird – meistens – umspringen. Die Hilfengebung wird später so verfeinert, daß das Pferd geradegerichtet ist und nur noch auf die Schenkelhilfe umspringt. Diese Methode wird dem ehemaligen Dressurreiter etwas „spanisch" vorkommen, hat aber durchaus ihre Vorteile. Der Nachteil besteht anfangs darin, daß man schlecht aus dem Zirkel wechseln kann, ohne das

fliegender Wechsel nach rechts – links angelegter Zügel – Gewicht nach rechts (engl. Methode)

Richtige Galopphase für die Hilfen zum Umspringen

Pferd kurz vorher nach außen zu stellen. Dieser Nachteil verschwindet mit zunehmender Reaktion des Pferdes auf den Schenkel des Reiters.

Die zweite Methode ist die auch dem engl. Reiter geläufige:

(noch einmal kurz die „engl. Hilfengebung" für den Galopp: innerer Schenkel treibt vermehrt, Pferd ist nach innen gestellt, der Reiter sitzt nach innen, der äußere Schenkel liegt verwahrend hinter dem Gurt). Galoppiert man sein Pferd auf diese Weise an, so entwickelt man den fliegenden Wechsel am besten beim Wechsel aus dem Zirkel (Figur 8). Will man vom Rechts- in den Linksgalopp wechseln, galoppiert der Reiter auf der rechten Hand auf dem Zirkel. Im Mittelpunkt der Bahn wechselt er auf den Zirkel linker Hand. Wieder in der Schwebephase stellt er das Pferd am Mittelpunkt der Figur 8 nach links, treibt links verstärkt mit dem Schenkel und sitzt um nach links. Auch die Figur „durch die ganze Bahn wechseln" mit den Hilfen zum Umspringen am Wechselpunkt ist angebracht sowie eine Kehrtvolte aus der Ecke mit fliegendem Wechsel bei Erreichen des Hufschlages.

Besonders bei lerneifrigen Pferden oder nervösen Tieren muß man darauf achten, nicht zuviele Wechsel hintereinander zu verlangen — und vor allem nicht immer an der gleichen Stelle. Das Pferd wird sonst leicht den Hilfen des Reiters vorgreifen oder — wenn es ungern umspringt, sich den Hilfen des Reiters durch Vorwärtsstürmen entziehen wollen. Immer wieder sollte man an Stellen, an denen das Pferd einen fliegenden Wechsel erwartet, einen einfachen Wechsel fordern oder auch einen Stop.

Über das Tempo beim fliegenden Wechsel läßt sich streiten. Normalerweise sollte der Wechsel aus dem ruhigen, versammelten Tempo heraus entwickelt werden, um dem Pferd von vornherein beizubringen, auf korrekte Schenkelhilfen umzuspringen. Einige Pferde springen aber anfangs sehr schlecht aus dem ruhigen Tempo heraus um. Das Ergebnis ist dann oft ein Kreuzgalopp, der natürlich sofort korrigiert werden soll.

Bei diesen Pferden kann man es mit einer etwas schnelleren Figur 8 versuchen. Meistens sind solche Pferde für Prüfungen wie das Western-Riding nicht geeignet.

Andere Pferde können anfangs im schnelleren Tempo ihre Beine nicht „sortieren", weswegen man das für eine Reining in einigen Lektionen erforderliche Tempo vor dem Wechsel nur langsam steigern darf.

Pferde, die sich beim fliegenden Wechsel aufregen und vor lauter Nervosität immer schneller werden, versucht man am besten, zum Zaun hin wechseln zu lassen; haben sie den Zaun direkt vor der Nase, vergessen sie meist das Stürmen.

Fliegende Wechsel, sowie Spin und Stop sind Übungen, die nicht jedem Pferd liegen; Pferde, die alle diese Übungen gut beherrschen, sind selten! Die meisten Pferde haben irgendwo eine Grenze (auch in der engl. Dressurreiterei „scheiden sich die Geister" bei der Klasse M oder S, wo fliegende Wechsel verlangt werden) und der Reiter muß gefühlvoll genug sein, das Pferd nicht über diese Grenze hinaus zu fordern und es damit sauer zu machen. Hat ein Pferd immer gut und willig gearbeitet und will (oder kann!) irgendwann nicht mehr, muß der Reiter sich erst einmal nach den Ursachen fragen, bevor er – besonders im schon weit fortgeschrittenen Stadium der Ausbildung – daran denkt zu strafen.

Es ist nämlich gut möglich, daß das Pferd einfach an der Grenze seines Leistungsvermögens angekommen ist.

Funktionieren alle Übungen beidhändig, kann der Reiter dazu übergehen, sie auch einhändig auszuführen (anfangs mit 4 Zügeln am Trainingsgebiß oder mit Bosal + Kandare, um notfalls korrigieren zu können). Auch wenn das Pferd einmal sicher auf Kandare geht, sollte man nicht ausschließlich mit dieser Zäumung reiten. Ein Wechsel auf Bosal und Snaffle-Bit zur Auffrischung von Übungen ist immer wieder zu empfehlen.

Noch ein Wort zum Verhalten auf dem Turnier, falls man seine „Arbeit" schließlich doch einmal einem Richter vorführen will: Selbst wenn das Pferd zu Hause alle Lektionen sicher beherrscht, einen „Super-Trail" absolviert oder eine gute Reining geht, muß das auf den ersten Turnieren, die man voll Hoffnung besucht, noch lange nicht der Fall sein. Durch die dort hinzukommende Aufregung von Reiter und Pferd (der Reiter gibt die Hilfen meist ungenauer, das Pferd ist durch das Geschehen auf dem Turnierplatz abgelenkt...) kommt es zu genügend Patzern. Mit zunehmender Turnier„erfahrung" gibt sich das.

Das Westernpferd als Wanderreitpferd

Mit der in diesem Buch beschriebenen Grundausbildung des Pferdes hat man sich ein zuverlässiges und bequemes Wanderreitpferd „herangezogen". Für den, der nun seine Aktivitäten hauptsächlich auf den Bereich des Wanderreitens ausdehnen will, möchte ich aus eigener Erfahrung einige Tips zu Ausrüstung, Training, Planung und Durchführung von Wanderritten geben.

1. Ausrüstung:

Fangen wir mit dem Sattel an: für den Wanderreiter ist der schwere Western-Arbeitssattel nicht so gut geeignet. Durch das zusätzliche Gepäck, welches das Pferd auf einem Wanderritt tragen muß, ergibt sich schon ein beachtliches Gewicht. Ein Mc-Clellan- oder ein ähnlicher Sattel — am besten mit offener Sitzfläche, damit Luft an den Rücken des Pferdes gelangen kann — ist besser.

Ein gut gefalteter dicker Woilach (alle Ecken links hinten) kann das Pad ersetzen. Erstens kann jeden Tag eine frische, nicht verschwitzte Seite des Woilachs auf den Pferderücken gelegt werden, zweitens ist der Woilach in kalten Nächten auch als Decke zu verwenden. Einen dünneren Woilach bzw. eine dünne Abschwitzdecke kann man auch zusätzlich zum Pad verwenden.

An den Kopf des Pferdes gehört immer — auch beim Reiten — ein stabiles Lederhalfter (evtl. auch Nylon-Gurthalfter); bei kurzen Pausen kann man das Pferd dann immer problemlos und schnell abtrensen und ein wenig fressen lassen. Manche Reiter verwenden auch ein Gebiß, welches man mit Knebeln ins Halfter einhängen kann.

Sie sparen sich damit die zusätzlichen Riemen der Trense am Kopf des Pferdes, was bei sehr heißem Wetter auf jeden Fall Vorteile hat. Diese einzuhängenden Gebisse liegen nur meist nicht so gut im Maul; einen Einohrzaum zusätzlich zum gut sitzenden Halfter würde ich persönlich eher empfehlen. Der Anbindestrick des Halfters (mit Panikhaken!) liegt in einer Schlinge um den Hals des Pferdes. Die Zügel sind am besten geschlossen — dann kann der Reiter sie auch einfach mal auf den Hals des Pferdes legen — z. B. um in die Karte zu schauen — und muß keine Angst haben, daß sie herunterfallen und das Pferd darauf tritt.

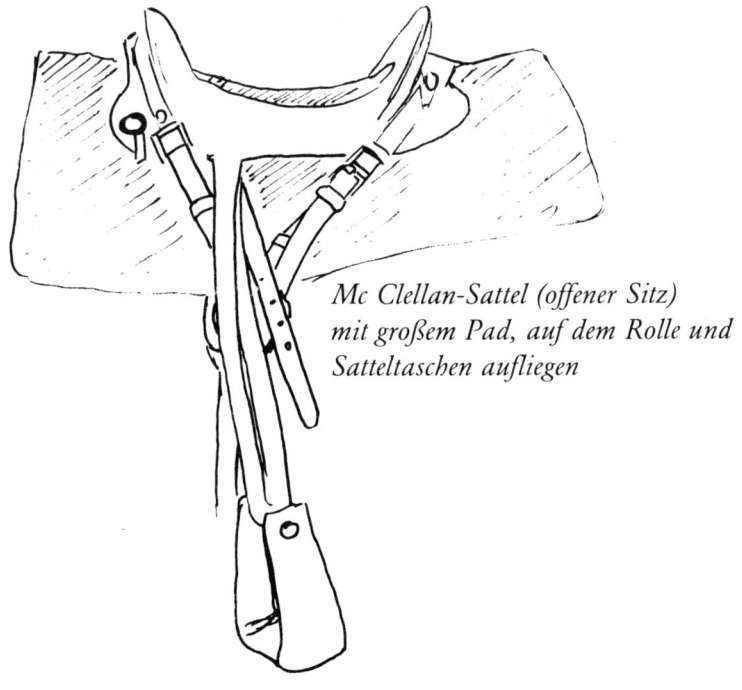

Mc Clellan-Sattel (offener Sitz)
mit großem Pad, auf dem Rolle und
Satteltaschen aufliegen

Als Gebiß empfiehlt sich eine einfache Kandare oder ein dünnes Snaffle-Bit; auch mechanische Hackamore und ein dünnes Bosal sind zu gebrauchen – allerdings gibt es dabei manchmal etwas „Gewurstel" mit dem Halfter.

Verwendet man ein Bosal, muß man sich unbedingt auf das Pferd verlassen können, denn bei einem Wanderritt sind oft schwierigere Passagen zu überwinden, z. B. ein paar Meter entlang einer stärker befahrenen Straße, Klettereien bergauf und bergab, das Überwinden von Bächen oder schmalen Stegen etc.

Das Reitergepäck (Schlafsack, Ersatz-Kleidung, Waschzeug) findet Platz in einer Sattelrolle (Mantelsack). Diese kann man kaufen oder aber auch – viel billiger – selbermachen. Als Material dient einfacher Jutestoff, der mit Leder an den Nahtstellen verstärkt wird. Hat man die Möglichkeit, weiches Leder zu nähen, kann man die Rolle auch aus Wildleder fertigen. Das sieht schöner aus und läßt sich mit Imprägnierspray etwas gegen Nässe schützen. Trotzdem sollte das „Innenleben" der Rolle einzeln in Plastiktüten verpackt werden, damit man sich nicht abends an einem nassen Schlafsack „erfreuen" kann.

Für Geld und Ausweis ist der Brustbeutel am besten geeignet.

Putzzeug für die Pferde, Werkzeuge für den provisorischen Notbeschlag, eine Reiseapotheke für Reiter und Pferd sowie etwas Proviant für die Reiter findet Platz in geräumigen, stabilen Satteltaschen, welche so gepackt werden, daß sie auf jeder Seite gleich schwer sind. Auch die Satteltaschen kann man zur Not selbst herstellen. Ein Regenponcho, der möglichst so groß ist, daß er das Gepäck mitabdeckt, wird über die Rolle gebunden, so daß er immer sofort griffbereit ist.

Zu beachten ist, daß weder die Rolle noch die Satteltaschen direkt auf dem Pferderücken aufliegen; der Woilach bzw. das Pad müssen lang genug sein, um als Unterlage für das Gepäck zu dienen.

Die Mitnahme eines Futterbeutels für Pferde, die schlecht fressen, ist angebracht. Auch das Mitführen eines langen Seils, welches man zwischen zwei Bäumen spannen kann, um die Pferde daran festzubinden, ist von Vorteil.

Nimmt jeder Reiter ein etwa 10 m langes Seil mit, so kann man Pferden, die sich gut vertragen, in einer langen, sonnigen Mittagspause auch eine provisorische Koppel auf einer Waldlichtung errichten – (vorausgesetzt, sie respektieren das Seil als Begrenzung wie die meisten an E-Zäune gewöhnten Pferde) und sie darin freilassen; das funktioniert recht gut und jeder – Mensch und Pferd – kann die Mittagspause angenehm verleben.

Man kann allerdings die Pferde auch an Hobbles gewöhnen und sie frei grasen lassen. Nur muß man dann immer ein Auge auf die Tiere haben. Ich würde das in unseren „Breiten" auch nicht empfehlen. Zu groß ist die Gefahr, daß ein Pferd trotz Hobbles weiter wegläuft und auf eine der leider fast überall gegenwärtigen Straßen gerät.

Am Horn des Westernsattels bzw. im vorderen Bereich des Mc-Clellan wird die Kartentasche angebracht. Die Strecke hat man am besten vor dem Ritt auf der Karte farbig markiert; das erleichtert dem Kartenleser die Arbeit. Ein Kompaß ist nur im schwierigen, mehr oder weniger weglosen Gelände unbedingt erforderlich. Normalerweise kommt man recht gut ohne aus.

Allerdings sollte der Umgang sowohl mit Karte als auch mit Kompaß geübt werden, will man sich nicht plötzlich woanders als geplant wiederfinden.

2. Das Training:

Zum Trainieren des Wanderreitpferdes reitet man natürlich auch zu Hause viel im Gelände, übt Geländeschwierigkeiten wie Bäche und Brücken, steiles Bergauf- und Bergabreiten, fordert das ruhige Stehenbleiben (spätestens wenn man auf einem Wanderritt mit der Karte zu tun hat und das Pferd zappelt laufend herum, weiß man, warum ein ruhig stehenbleibendes Pferd erstrebenswert ist). Trailübungen in Bahn und Gelände sind für Wanderreitpferde besonders empfehlenswert.

Wichtig ist vor allem die gute Kondition des Pferdes und vernünftiges Verhalten der Reiter in der Gruppe. Hat man ein Pferd, welches in Gesellschaft vieler anderer Pferde schnell hektisch wird, sollte man das Reiten in der Gruppe trainieren. Auf mehrtägigen Wanderritten, die ja vorwiegend – wegen des Gepäcks – im Schritt geritten werden, beruhigen sich die meisten nervösen Tiere spätestens am 3. Tag von selbst. Allzu große Gruppen bei Wanderritten sind sowieso nicht zu empfehlen, da man damit meist Schwierigkeiten bei der Unterbringung der Pferde bekommt. Kleingruppen von 2 bis 4 Reitern sind die ideale Besetzung.

3. Die Planung des Rittes

Die sorgfältige Planung ist ein nicht zu unterschätzender Faktor für das Gelingen eines Wanderrittes.

Die teilnehmenden Reiter sollten sich in aller Ruhe zusammensetzen und anhand von Karten und Übernachtungsmöglichkeiten eine geeignete Route festlegen; am besten fährt man die Strecke vorher mit dem Auto ab und kümmert sich in den in Frage kommenden Etappenzielen um eine Unterkunft für die Pferde. Man kann dort auch gleich Futter deponieren.

Oft wird man keine Boxen für die Pferde bekommen, sondern nur provisorische Ständer oder auch nur eine Koppel. Die teilnehmenden Pferde sollten sich also alle gut anbinden lassen und die Nacht in einem Ständer zubringen können. Vorteilhaft ist es auch, wenn alle Pferde soweit aneinander gewöhnt sind, daß sie problemlos zusammen auf einer Koppel stehen können, ohne daß es „Mord und Totschlag" gibt.

Will man einen längeren Wanderritt in einem weiter entfernten Gebiet unternehmen, kann man sich anhand der Adressenlisten der Wanderreitverbände telefonisch Quartier bestellen. Allerdings weiß man dabei nie so genau, wo man „landet".

Ist man nur zu zweit – höchstens zu dritt – kann man auch aufs „Geratewohl" reiten und nachmittags gegen 15 Uhr spätestens damit anfangen, Unterkunft für die Pferde zu suchen. Das ist manchmal etwas mühselig, hat aber den Vorteil, nicht so sehr an die vorgeplanten Etappen gebunden zu sein. Man kann bei Regenwetter auch mal früher Schluß machen oder ganz aussetzen und einen Ruhetag einlegen.

Für diese relative Freiheit werden die Pferde allerdings öfter mit ungewohntem Futter, manchmal auch nur mit Gras, vorliebnehmen müssen. Einem schwerfuttrigen Pferd wird man die fehlenden Rationen schnell ansehen.

Die Etappenlänge richtet sich nach der Kondition der Pferde und dem Anspruch der Reiter. Mehr als 35 bis 40 km pro Tag mit vollem Gepäck sind nicht zu empfehlen, da man dazu – mindestens 8 bis 9 Stunden unterwegs ist. Etappenlängen um 25 km sind gemütlich zu reiten.

Anders sieht die Sache aus, wenn sich die Reiter ihr Gepäck mit dem Auto in die Etappenziele nachbringen lassen. Ohne Gepäck kann flotter geritten und dementsprechend bei guter Kondition der Pferde die Etappe verlängert werden.

Allerdings nimmt diese Art der Durchführung dem Wanderritt einiges von seinem „romantischen" Reiz.

Wer in punkto Futter unabhängiger sein will, nimmt am besten ein Packpferd mit, dem das Futter für die Pferde aufgeladen wird. Kommt man durch Dörfer, kann man versuchen, Kraftfutter nachzukaufen, um die Vorräte zu ergänzen.

Das Reiten mit Handpferd muß allerdings gründlichst trainiert werden. Ein ungehorsames Handpferd an einer stärker befahrenen Straße, mit der man es ja zwangsläufig hin und wieder zu tun bekommt, kann sehr gefährlich werden. Außerdem sollte das Pferd, welches man selbst reitet, sicher im Neck-Reining gehen. Doch auch wenn man zwei ruhige, in dieser Weise trainierte Pferde hat – das Reiten mit Handpferd ist auf jeden Fall eine höhere Belastung für den Reiter, vor allem auf langen Strecken. Immer wird man in „brenzligen" Situationen ein Auge auf zwei unsichere Kandidaten statt nur auf einem haben müssen.

Die Überprüfung des Beschlags ist besonders wichtig. Lieber den Schmied einmal etwas früher als normal bestellen als mit schon fast abgelaufenen Eisen starten. Wer weiß, ob man unterwegs einen brauchbaren Schmied erwischt. Schon manche Wanderritte sind durch ein lahmendes Pferd frühzeitig zu Ende gegangen.

Ein unbeschlagenes Pferd mitzunehmen, ist grundsätzlich nicht zu empfehlen. Selbst wenn das Pferd zu Hause unbeschlagen gut laufen kann – ein mehrtägiger Wanderritt mit steinigen Wegen, die sich nicht immer umgehen lassen, „zehrt" an den Hufen.

4. Die Durchführung des Rittes

Während des Rittes ist es wichtig, den Pferden, wo immer es möglich ist, Gelegenheit zum Saufen zu geben und alle 2 Stunden eine ¼- bis ½stündige Pause einzulegen. Alle 3 bis 4 Tage soll ein Ruhetag eingeplant werden.

Abends müssen Sattellage und Beine mit Wasser abgewaschen werden – noch besser ist Essigwasser. Morgens wird so früh wie möglich gefüttert, um den Pferden noch eine kurze Verdauungspause zu gönnen. Danach überprüft man Beschlag und Sehnen des Pferdes und untersucht Sattel- und Gurtlage auf evtl. während der Nacht zutagegetretene Druckstellen. Leichten Gurtdruck – aber wirklich nur ganz leichten – kann man mit einem Wollsocken oder ähnlichem abpolstern und weiterreiten. Mit Satteldruck oder stärkerem Gurtdruck darf nicht weitergeritten werden.

Für Ritte im Gebirge bzw. stark hügeligem Gelände empfiehlt es sich, ein gezieltes Konditionstraining mit den Pferden durchzuführen (siehe Anhang über Distanzreiten).

Auch wenn der eigentliche Ritt im Schritt absolviert wird, sollte man darauf nicht verzichten, da das Klettern für untrainierte Pferde – noch dazu mit vollem Gepäck – sehr anstrengend ist.

Im übrigen kann es bei solchen Ritten auch dem Reiter nicht schaden, wenn er sich selbst etwas Kondition antrainiert, da er an steileren Stücken neben seinem Pferd herlaufen sollte.

Abschließend eine kurze Checkliste der für einen Wanderritt nötigen Ausrüstung:

für den Reiter:
Kleidung: strapazierfähige Hosen (Jeans)
  Oberbekleidung nach dem „Zwiebel-Look" –
  Schicht für Schicht aus- bzw. anziehbar
  Bsp.: Baumwoll-T-Shirt + Flanellhemd + Pullover
  + Jacke
1 Garnitur Ersatzkleidung
kurze feste, sehr bequeme (eingelaufene) Stiefel
Regenponcho (am besten Armeecape)
Hut gegen Sonne und Regen
Waschzeug
Schlafsack (kann bei kurzen Ritten mit festem Quartier für
  die Reiter entfallen)
Brustbeutel für Geld und Ausweis

Messer (immer griffbereit)
Streichhölzer/Schnur
Satteltaschen (evtl. vordere und hintere) + Sattelrolle

für das Pferd:
Putzzeug – evtl. für jeweils 2 Pferde nur eine Garnitur
  (Schwamm, Lappen, Hufkratzer, Striegel + Bürste)
Seile
Halfter + Anbindestrick/Trense
möglichst leichter Sattel mit vielen Ösen und Schnallen zum
  Anbringen des Gepäcks (kann man auch nachträglich
  am Sattel anbringen lassen)
Pad + Woilach
evtl. Hobbles

Kollektivausrüstung der Gruppenmitglieder:
Segeltucheimer zum Tränken und Füttern
Beschlagwerkzeug: (für Notbeschlag) bestehend aus:
  einigen Hufnägeln, Beschlaghammer und -zange sowie
  Hauklinge)
Kochgeschirr und Kocher/Taschenlampe
Proviant für die Reiter und bei Ritten ohne festes Etappen-
  ziel eine Futterration für die Pferde
Nähzeug/auf langen Ritten auch Ledernähzeug
Karten und Kompaß/Kartentasche/Bleistift/Kuli
Ersatzriemen + Lederschnüre
Lederfett (zur Pflege der Ausrüstung, damit sie durch Nässe
  nicht hart wird und scheuert)

Reiter- und Pferdeapotheke (einige Mittel können für beide
verwendet werden:
Desinfektionsmittel
Vaseline Talk/Melkfett
elastische Binden

Wund- und Heilsalbe, essigsaure Tonerde
sterile Verbandstücher + -watte
Pflaster + Heftpflaster
Pinzette und Schere, Sicherheitsnadeln
Wundnähnadeln + Wundnähseide auf Ritten in abgelege-
    nen Gebieten (+ reinen Alkohol zum Desinfizieren)

Distanzritte:

Im Gegensatz zu den gemütlichen Wanderritten werden Distanzritte auf Tempo geritten. Man braucht ein noch besser konditioniertes Pferd als auf Wanderritten.

Für das Distanztraining sollte man die PAT-Werte messen können.

Der Puls: zu messen an der Kehle, indem man von innen mit zwei Fingern leicht gegen den Knochen der Ganasche drückt; oder an der Innenseite der Vorderröhre
Ruhewert: 32 - 44 Schläge pro Minute

Die Atmung: durch einfaches Zählen der Atemzüge zu messen (man kann auch die Hand ca. 10 cm vor die Nüstern halten und die Atemzüge erfühlen)
Ruhewert: 8 - 35 Züge pro Minute

Die Temperatur: zu messen mit einem Thermometer im After, welches an einer Schnur befestigt wird, damit es nicht ganz hineinrutschen kann.
Ruhewert: 37,6 - 38,3 Grad

Während der Konditionierung für Distanzen muß man, um Überlastungen zu vermeiden, sowohl die Ruhewerte als auch die Werte kurz nach der Belastung messen. Um Konditionssteigerungen feststellen zu können, mißt man jeweils nach gleichen Streckenabschnitten.

Sind die Pulswerte nach 10 Min. Ruhe nicht unter 72 Schläge pro Min. gefallen, so ist das Pferd im vorangegangenen Trainingsabschnitt schon überfordert worden. Dasselbe gilt, wenn Puls- und Atemwerte gleich oder nur gering unterschiedlich sind. Wenn die Atemwerte höher als die Pulswerte sind, so ist das Pferd stark überfordert worden.

Der Konditionsaufbau erfolgt am besten hauptsächlich durch Trabtraining im leichten Sitz.

Als Beispiel eines langsamen Aufbaus für ein nicht ganz untrainiertes Pferd, was täglich in der Bahn oder im Gelände etwa 1 Stunde geritten wurde:

1. Woche: 10 Min Trab/ 10 Schritt im Wechsel (1 ½ bis 2 Std.)
2.   "   15 Min Trab/ 7 Min Schritt   "   "
3.   "   20 Min Trab/ 5 Min Schritt   "   "
4.   "   30 Min Trab/ 7 Min Schritt   "   "
5.   "   45 Min Trab/ 10 Min Schritt   "   "
6.   "   1 Std Trab/ 10 Min Schritt   "
7.   "   5 Min Galopp/ 45 Min Trab/ 10 Min Schritt   "
8.   "   10 Min Galopp/ 40 Min Trab/ 10 Min Schritt   "

Jeweils nach einer Stunde PA-Werte messen!

Pro Woche kann man 1-2 Ruhetage einlegen;

Bei starker Beanspruchung mit dem Konditionstraining muß zugefüttert werden. Es empfiehlt sich Mash, bestehend aus weichgekochtem Leinsamen, Weizenkleie und Hafer.

Abschließend einige Richtwerte für die „Kilometerleistung" eines trainierten Pferdes in den verschiedenen Gangarten:

Schritt: ca. 5– 6 km/h = Tempo 10–12 (10–12 min/1000 m)
Trab: ca. 10–12 km/h = Tempo 5– 6 (5– 6 min/1000 m)
Galopp: ca. 20–24 km/h = Tempo 2,5–3 (2,5–3 min/1000 m)

Der Wanderreiter wird also für eine Tagesetappe von 30 km in ebenem Gelände als reine Reitzeit etwa 5 bis 6 Stunden im Schritt veranschlagen; im gebirgigen Gelände kann man pro 400 m Höhenunterschied 1 Stunde zusätzlich kalkulieren.

Der Distanzreiter wird sich – je nachdem wie gut sein Pferd konditioniert ist – ein Tempo vorgeben und die Trab-, Galopp- und Schrittabschnitte danach einteilen. Will er Tempo 6 reiten (also für 1.000 m 6 Min. brauchen) so wird er die Strecke mit kurzen Schrittpausen durchtraben. Er kann aber auch 10 Min. galoppieren, 30 Min. traben und 20 Min. Schritt gehen.

Welche Art, Tempo 6 zu reiten, die bessere ist, ist von Pferd zu Pferd verschieden. Pferde, die sich schnell aufregen, sind im ständigen Trab meist ruhiger. Auch ist die Gefahr des Vertretens im Trab nicht so groß wie im Galopp. Allgemein gilt: viele kurze Galoppreisen ermüden auf Dauer auch ein gut konditioniertes Pferd stärker als langandauernde Trababschnitte.

Alternativen zum Turnier- und Leistungssport

Im vorigen Kapitel habe ich eine der geruhsamsten Alternativen – das Wanderreiten – beschrieben.

Doch es gibt auch „gesellige" Alternativen wie Formationsreiten, Reiterspiele, Reiter-Ralleys und andere sogenannte CTR's (Competetive Trail Riding).

Nicht Hochleistungssport, sondern Spiel und Spaß für Reiter **und** Pferd stehen bei solchen Aktivitäten im Vordergrund.

Eine nette Geschichte ist auch das **Pferdefußball:**
2 Mannschaften (möglichst in jeder nicht mehr als 4 Reiter) werden gebildet und an den kurzen Seiten jeweils ein breites Tor aus zwei Tonnen aufgebaut. Gespielt wird mit einem Gymnastikball von etwa 1 m Durchmesser, den die Pferde mit Nase und Brust vorwärtsstoßen. Das muß natürlich mit jedem Pferd einzeln geübt werden. Manche Pferde sehen anfangs in dem Ball ein „pferdefressendes Ungetüm" und laufen, statt auf den Gymnastikball zu, erst einmal in die andere Richtung weg, sobald er sich auch nur millimeterweise bewegt. Der Reiter kann das Pferd zu Fuß an den Ball heranführen; noch einfacher ist es, den Ball mitten auf die Koppel unter ein paar zukünftige „Pferdefußballer" zu legen. Die Neugier der Vierbeiner wird bald siegen und das „Monstrum" wird ausgiebig beschnuppert.

Haben die Pferde keine Angst mehr vor dem Ball, so kann man damit beginnen, sie daran zu gewöhnen, den Ball in eine bestimmte Richtung vorwärtszubewegen. Dazu reitet man dicht an den Ball heran und treibt das Pferd mit der Brust dagegen. Hat das Pferd begriffen, daß der Ball sich bewegt, wenn man dagegen stößt, wird es bald Spaß daran finden, den Ball vorwärtszuschubsen.

Sind die teilnehmenden Pferdefußballer im Schritt mit dem Ablauf des künftigen Spiels vertraut und bewegen den Ball sicher dorthin, wohin der Reiter das möchte, so ist ein erstes, **langsames** Spiel fällig. Zu vermeiden ist wildes Gezerre im Maul und jede Art von Hektik. Das Spiel wird in aller Ruhe im Schritt ausgetragen! Wenn die Pferde schon fast von allein dem Ball nachlaufen, kann man dazu übergehen, im Trab zu spielen. Um unnötige „Knäulereien" zu vermeiden, sollte jeder Reiter sich nur innerhalb eines Viertels des Spielfeldes bewegen. Nur ein „Stürmer" jeder Mannschaft darf sich frei bewegen.

Sinn des Spieles ist, Pferden und Reitern den Spaß an der Arbeit miteinander zu erhalten; ein Ziel – hier das Mannschaftsspiel „Fußball" – gibt interessante Anreize und unterstützt die Zusammenarbeit einer Reiter-Pferd-Kombination. Das Pferd sieht in den Hilfen des Reiters, die es in eine bestimmte Richtung lenken, eher einen Sinn, wenn die Übungen zweckgerichtet sind (also hier auf die Fortbewegung des Balls).

Allerdings darf der Reiter nun den „Sieg" seiner Mannschaft nicht höher bewerten als ein reibungsloses, **ruhiges** Zusammenspiel. Richtig gespielt ist Pferdefußball eine harmonische Angelegenheit, falsch gespielt ein rüdes Herumgezerre.

Mit gut eingespielten Mannschaften kann man sogar publikumswirksame Schaunummern gestalten. Mit einigen Schau-Gags, wie gestellten „Fouls", mit roter Karte oder einem Rot-Kreuz-Reiter, welcher einen „verletzten" Teilnehmer vom Feld abholt, sind Lacherfolge beim Publikum sicher.

Geschicklichkeitsspiele für Reiter und Pferd bieten ein weiteres Betätigungsfeld. Ob man nun übt, vom trabenden oder galoppierenden Pferd aus mit einem Tennisball ein Ziel zu treffen oder mit einer Lanze Ringe aufspießen soll – ob Wasserstaffeln geritten werden oder ein „Verkleidungsspielchen" vom Pferd aus durchgeführt wird: all diese Spielereien entspannen den Reiter und fördern den lockeren Umgang mit dem Pferd. Voraussetzung ist, daß der Reiter sein Pferd langsam und geduldig auf solche Aufgaben vorbereitet.

Viele Freizeitreiterveranstaltungen bauen auf solchen Geschicklichkeitsübungen auf; mit einem auf minimale Hilfen reagierenden Westernpferd wird man kaum Probleme bei solchen Spielen bekommen. Die Palette der Geschicklichkeitsübungen ist riesig groß, dem Einfallsreichtum der Veranstalter von Geschicklichkeitsturnieren sind keine Grenzen gesetzt.

Auch das Formationsreiten mit Musik kann Reiter und Pferd viel Spaß machen, sofern alle teilnehmenden Reiter konzentriert und gerne bei der Sache sind. Figuren im Schritt und Trab sind eigentlich in fast jeder Besetzung zu bewältigen; mit Galoppfiguren wird's dann schon schwieriger.

Da beim Formationsreiten nicht das einzelne Pferd, sondern der Gesamteindruck von 4, 6, 8 oder 12 Pferden zählt, sollten nur solche Figuren geritten werden, die dem Ausbildungsstand der teilnehmenden Pferde angepaßt sind.

Will man solche Übungen zu einer Schaunummer ausbauen, sollte man sich am besten ein Motto ausdenken und Reiter und Pferde gemäß diesem Motto ausstatten. Formations-Schaunummern wirken zu einem großen Teil durch die äußere Aufmachung – erst in zweiter Linie durch die korrekte Ausführung der Figuren – und erst ganz zum Schluß durch die gute Leistung eines einzelnen Reiters.

Wie bei einem Mannschaftsspiel ist auch eine gelungene Quadrille das Zusammenspiel und Aufeinandereingehen aller Teilnehmer. Man wird also in einer Quadrille, die später einen guten Eindruck machen soll, immer von der Leistung des schwächsten Teilnehmers ausgehen und die Figuren auf ihn und sein Pferd abstimmen.

Zu dem oben beschriebenen Motto will ich noch ein kurzes Beispiel geben: Um bei einer Veranstaltung, bei der Reiter unseres Stalles eine Schaunummer vorführen sollten, alle Pferde und Reiter optisch „unter einen Hut" zu bringen (es waren für eine Quadrille 8 Pferde und Ponies und Reiter mit sehr unterschiedlichem Können und sehr unterschiedlicher Größe eingeplant) wurde eine Art mystischer „Elfentanz" inszeniert: Alle Reiter bekamen lange fließende Umhänge genäht – 4 weiß und 4 schwarz – die Pferde Blüten und Zweige in Mähne und Schweif. Stirnreifen aus Goldfolie für die Reiter und mit Folie umwickeltes Zaumzeug der Pferde vervollkommneten die Ausstattung. Da die ganze Geschichte abends stattfinden sollte, wurden die Pferde an Fackeln gewöhnt, so daß zu den Klängen elfenhafter Musik mit Fackeln auf einen dunklen Platz eingeritten werden konnte. Sind alle Pferde gut einhändig zu reiten, kann eine ganze Vorführung mit Fackeln bestritten werden; wenn nicht, so wird nur anfangs zwei Runden damit geritten – dann löscht ein bereitstehender Helfer die ihm gereichten Fackeln. Schließlich muß ein weiterer Helfer das Licht einschalten...

Mit einigen guten Ideen in punkto Ausstattung können viele Schwächen bei Reitern und Pferden überspielt werden und es macht auch einfach mehr Spaß, sich etwas Neues einfallen zu lassen, als – wie in der engl. Reitweise üblich – immer wieder die gleichen, meist einfachen Figuren in langweiligem „Schwarz-Weiß" abzuleiern.

Gerade die beschriebenen Umhänge bieten auch die Möglickeit zu choreografischen Einlagen, wenn die Reiter z. B. bei bestimmten Figuren alle den rechten bzw. linken Arm heben und den Umhang so auf der einen Seite aufbauschen. Der Phantasie sind kaum Grenzen gesetzt; doch ein gelungener „Auftritt" setzt viel Arbeit voraus.

Soll niemand kommandieren – was die Vorführung z. B. eines Elfentanzes entscheidend stören würde – müssen alle

Reiter die Figuren und ihre Reihenfolge auswendig können und z. B. auf Handzeichen des Anfangsreiters abwenden. Die passende Musik muß zusammengestellt werden, die – manchmal zahlreichen – Helfer instruiert und die Kostümierung angefertigt werden, etc... Aber es macht Spaß – wenn alle bei der Sache sind.

Freizeitreiterveranstaltungen im Wettbewerbscharakter – sogenannte CTR-s (Competetive Trail Riding) – schließen das Spektrum der Möglichkeiten ab.

Ich will hier nur ein paar Beispiele nennen:

1. Ride an Tie: Ein Streckenritt, bei dem jeweils 2 Reiter mit einem Pferd starten. Einer der Reiter läuft jeweils einen Streckenabschnitt und übernimmt dann das Pferd, welches der andere Reiter an einem dafür vorgesehenen Punkt angebunden hat und nun seinerseits losläuft.

2. Kombinierte Streckenritte: Distanzartige Geländestrecken – evtl. mit Zusatzprüfungen und Rätseln in Verbindung mit Geschicklichkeits- bzw. Rittigkeitsprüfungen in der Bahn. Weniger das Tempo als die Art des Umgangs mit dem Pferd wird hier meist bewertet.

3. Sternritte/Orientierungsritte: nach Karte und Kompaß, evtl. mit Zusatzaufgaben.

4. Die schon erwähnten Reiterspiele wie Ringestechen etc.: Sie werden oft auch in Verbindung mit einem kombinierten Streckenritt durchgeführt (siehe Punkt 2).

Soviel nur kurz zu den vielfältigen Aktivitäten. Weitere Ausführungen würden den Rahmen dieses Buches sprengen.

Übersicht der Ausbildungsstufen

Dieser Überblick ist auf die Ausbildung eines jungen Pferdes bezogen; bei einem umzustellenden Pferd kann schneller vorangegangen werden.

1. Jahr (gewöhnlich im Snaffle-Bit)
Ausbildung an der Hand
Longieren
Erstes Aufsitzen
Geradeausreiten und große Zirkel im Schritt und Trab
Paraden zum Schritt und zum Halten
Galoppieren
Gelände- + einfache Trailübungen
Zum Ende des ersten Jahres engere Wendungen auch im
  Trab und Galopp fordern
Rückwärtsrichten
Seitengänge (Schenkelweichen) im Schritt

2. Jahr (Snaffle-Bit oder Bosal)
Verfeinerung der Hilfengebung
Enge Wendungen
Schwierigere Anforderungen im Trail
Geländetraining
Vermehrte Hinterhandarbeit
Vorbereitungsübungen für Spin, Stop, Roll Back
Vermehrt Reaktion auf den äußeren, angelegten Zügel fordern

3. Jahr (Trainingsgebisse mit Hebelanzügen oder Snaffle-Bit oder dünneres Bosal)
Training für Stop, Spin, Roll Back und fliegende Wechsel
  (am besten auf Snaffle-Bit)

Hinarbeiten auf die Umstellung auf blanke Kandare: Bosal + Kandare oder Trainingsgebisse mit Doppelzügel

4. Jahr

Umstellung auf blanke Kandare, wenn das Pferd vollkommen korrekt auf den äußeren Zügel reagiert.

Diese Ausbildungsstufen entsprechen nicht genau denen, die ein Berufsreiter zugrundelegen würde (meist werden die Pferde schon knapp vierjährig in rasanten Reinings vorgestellt – wobei man sich natürlich darüber im klaren sein muß, daß die Belastung eines jungen Pferdes, dessen Knochenwachstum meist ja noch nicht vollständig abgeschlossen ist, bei einem Stop aus schnellem Tempo enorm hoch ist...); für den Self-Made-Western-Trainer sind sie aber eher zu empfehlen, da langsamer aufbauend und dementsprechend einfacher und schonender für das Pferd und den Reiter.

Kurzer Abriß der Turnierdisziplinen und deren Anforderungen

Pleasure:

Eine Prüfung, bei der die Pferde in allen drei Grundgangarten am losen Zügel in der Gruppe (es sind etwa 10 bis 20 Reiter in der Bahn) vorgestellt werden sollen. Bewertet werden die Gangarten, die Harmonie zwischen Reiter und Pferd, das Exterieur, die Weichheit und Bequemlichkeit der Gänge und ein angemessen ruhiges Tempo.

Als Einstiegsprüfung für den Turnieranfänger ist diese Prüfung gut geeignet.

Trail:

Bei dieser Prüfung wird die Ruhe und Aufmerksamkeit des Pferdes an den verschiedenen Hindernissen bewertet. Möglichst unsichtbare Hilfengebung des Reiters und absoluter Gehorsam des Pferdes werden gefordert. Die Gangart zwischen den Hindernissen wird vom Richter bestimmt. Der Trail ist für den Turnieranfänger schon relativ schwierig, denn er erfordert schon ein sehr feinfühlig auf die Hilfen reagierendes Pferd.

Reining:

Für den Einsteiger „in Sachen Reining" wird auf jedem Turnier eine Anfänger-Reining ausgeschrieben.

Verlangt werden: einfache Galoppwechsel, Anhalten aus dem Galopp, flotte Hinterhandwendungen (spinähnlich) und Roll-Backs, die ruhig noch etwas langsamer ausfallen können. Besonders wird auf korrekte Bahnfiguren geachtet; das Pferd soll am losen Zügel vorgestellt werden – geritten wird beidhändig mit Snaffle-Bit oder Bosal.

Die „normale" Reining ist schon sehr viel schwieriger: sie enthält fliegende Wechsel, Spin, Roll-Back und Stops aus vollem Tempo sowie Tempounterschiede im Galopp. Sie wird sehr viel schneller geritten als die Anfänger-Reining. Je nach Alter des Pferdes ist Snaffle-Bit oder Bosal (4-5jährige Pferde mit beidhändiger Zügelführung) oder blanke Kandare (bei 6jährigen und älteren Pferden mit einhändiger Zügelführung) vorgeschrieben. Auch hier soll der Zügel lose durchhängen.

Will man einen Vergleich mit der englischen Reitweise herstellen, so entspricht die Anfänger-Reining etwa der Dressur Kl.A und die Senior-Reining (einhändig auf Kandare) etwa einer Dressur der Klasse M oder S.

Western-Riding:

Eine Prüfung für „Ranchpferde", bei der das Öffnen und Durchreiten eines Tores gefordert wird, fliegende Wechsel um Pylone, sowie ein Stop und Rückwärtsrichten.

Bewertet werden Qualität und Ruhe der fliegenden Wechsel (insgesamt 8 Stück) und die Aufmerksamkeit und Rittigkeit des Pferdes.

Pferde bis 5 Jahre können beidhändig geritten werden (Snaffle oder Bosal); Pferde ab 6 Jahren einhändig auf Kandare.

Western-Horsemanship:

Eine Kombination aus einer kurzen Reining-Aufgabe und anschließendem Rail-Work (Pleasure).

Weiterhin werden die Rennen **Pole-Bending** und **Barrel-Race** ausgeschrieben; diese sollten auf keinen Fall — wenn überhaupt — mit einem jungen Pferd geritten werden, es sei denn, man will sich ein hektisches Pferd „heranziehen".

Für die Allround-Pferde gibt es seit 1985 eine neue Prüfung, das **„Superhorse",** welches aus den vier Teilprüfungen Trail, Pleasure, Pole-Bending und Reining besteht.

Außerdem werden meist einige Spiele ausgeschrieben, z. B. das **Spoon'n Egg-Race,** bei dem die Reiter wie im Pleasure ihr Pferd in allen drei Grundgangarten vorstellen müssen, dabei aber einen Löffel mit einem rohen Ei in der Hand balancieren müssen. Sieger ist, wer zum Schluß sein Ei noch hat.

Beim **Dollar-Bill-Race** sitzen die Reiter auf ungesattelten Pferden auf einem Stück Papier (Dollar-Note); wer zum Schluß noch auf seiner „Dollar-Note" sitzt, hat gewonnen.

Beim **Keyhole-Race** (Schlüssellochrennen) kommt es darauf an, möglichst schnell eine Strecke zu überwinden, die einem Schlüsselloch gleicht: der Reiter reitet durch einen markierten „Gang" in einen Kreis, stopt dort und wendet das Pferd und reitet denselben „Gang" zurück. Vorteile hat natürlich der Reiter, dessen Pferd aus dem Galopp stoppt und den Roll-Back beherrscht.

etc....

Das erfolgreiche deutsche Trainingsbuch

**Western Training
Die systematische Ausbildung in der Westerndressur**

Von Hardy Oelke
2. überarb. Aufl. Großformat, 164 Seiten mit über 250 Abbildungen, geb., DM 58,-

KAY WIENRICH: Dieses Buch behandelt jedes einzelne Manöver einer Reining. Es wird Schritt für Schritt erklärt, wie man ein Pferd an die schwierigen Manöver dieser Westerreitdisziplin heranführt.

ROGER KUPFER: Ein Genuß, dieses Buch zu lesen, das der modernen Westerreitweise voll gerecht wird.

VOLKER LAVES: Herzlichen Glückwunsch zu diesem Buch... es wird ein Standardwerk für alle Westerreiter werden.

**Reining -
Die Hohe Schule der Westerndressur**

Von Bob Loomis
mit Kathy Kadash,
übersetzt von Hardy Oelke
1991, Großformat, 250 Seiten, geb., DM 78,-.

Hier kommt Bob Loomis. Er zeigt Ihnen genau, wie man eine Reining reitet. Und welche Pferde man dafür braucht. Und welches Training, Ausrüstung etc.

Der erfolgreichste Reiner der Welt sagt Ihnen alles über Reining. Bob macht das so interessant, daß Sie garantiert nicht mehr aufhören werden zu lesen und die vielen farbigen Bilder zu betrachten. Wenn Sie Westerreiter und/oder Quarter Horse-Fan sind, ist dieses Buch ein Muß!

**Ute Kierdorf Verlag • Gut Dohrgaul
5272 Wipperfürth • Tel.: 02267 / 4 4 95**

Die fundierte Western-Reit-lehre aus USA

Die Basis für alle Western-Disziplinen

Die professionelle Anleitung zum Westernreiten

Die Grundlage der erfolgreichen Pferdeausbildung

Western Horsemanship

Von Richard Shrake,
übersetzt von Hardy Oelke
Großformat, 160 Seiten mit zahlr.
Abbildungen, fester Einband mit
farb. Schutzumschlag, geb.,
DM 58,-

Richard Shrake ist ein berühmter
Ausbilder. Sein Buch ist in den
USA ein Riesenerfolg. Die
deutsche Ausgabe zeigt Schritt
für Schritt, mit hervorrangenden
Bildern und leicht nachvoll-
ziehbaren Texten, welche
Voraussetzungen erfolgreiches
Westernreiten erfordert.

Besonders für angehende
Turnierreiter und engagierte
Westernreiter ist dies das ideale
Buch, die sachkundige und
fundierte Einweisung in die
hohe Schule des Westernreitens
überhaupt.

Western Training
Theorie und Praxis

Von Jack Brainard
Großformat, 160 Seiten mit zahlr.
Abbildungen, fester Einband mit
farb. Schutzumschlag, geb.,
DM 58,-

Das Buch dieses großen Trainers
lehrt die Basis der Pferdeausbildung für die Westernreitweise. Es ist die Grundlage für
Cutting, Reining, Pleasure, Trail
und Freizeitreiten.

Wer Schwierigkeiten bei der
Ausbildung von vornherein
vermeiden und mit seinem Pferd
als Partner zu Freude und Erfolg
(zurück)finden möchte, der sollte
an diesem "Fernkurs" mit Jack
teilnehmen - es wird einer der
erfolgreichsten werden.

Ute Kierdorf Verlag • Gut Dohrgaul
5272 Wipperfürth • Tel.: 02267 / 44 95

Warum nicht gleich die
№ 1

Western Horse
mit "Western Reiter Magazin"

**Westernreiten, Western-Freizeit-
reiten, Zucht Haltung**

12 Ausgaben pro Jahr, Jahresabo
DM 70,-, Ausland DM 80 incl.
Versand

Western Horse bringt jeden Monat
neu:

- Westernpferdezucht und
  Quarter Horses
- Westernreiten - wie wird's
  gemacht
- Reiseberichte - aus der Heimat
  des Westernreitens
- Nachrichten von großen
  Turnieren und aus der Szene

Bestellen Sie Ihr WESTERN HORSE
noch heute!
Kierdorf Verlag • 5272 Wipperfürth